团队正能量

不做木桶的最短板

什么叫团队 什么是正能量

孤军奋战 其力有限 众志成城 坚不可摧

千人同心 则得千人之力
万人异心则无一人之用
一个伟大的团队最重要的作用是
让其平凡的队员创造出不平凡的业绩

项 前/著

TEAM
POSITIVE ENERGY

中华工商联合出版社

图书在版编目（CIP）数据

团队正能量：不做木桶的最短板／项前著 . -- 北
京：中华工商联合出版社，2016.5
ISBN 978 - 7 - 5158 - 1640 - 1

Ⅰ. ①团… Ⅱ. ①项… Ⅲ. ①企业管理 - 组织管理学
Ⅳ. ①F272. 9

中国版本图书馆 CIP 数据核字（2016）第 077035 号

团队正能量：不做木桶的最短板

作　　者：	项　前
责任编辑：	吕　莺　张淑娟
封面设计：	周　源
责任审读：	李　征
责任印制：	迈致红
出版发行：	中华工商联合出版社有限责任公司
印　　刷：	三河市宏盛印务有限公司
版　　次：	2016 年 8 月第 1 版
印　　次：	2016 年 8 月第 1 次印刷
开　　本：	710mm × 1020mm　1/16
字　　数：	194 千字
印　　张：	13
书　　号：	ISBN 978 - 7 - 5158 - 1640 - 1
定　　价：	36. 00 元

服务热线：010 - 58301130
销售热线：010 - 58302813
地址邮编：北京市西城区西环广场 A 座
　　　　　19 - 20 层，100044
http：//www. chgslcbs. cn
E-mail：cicap1202@ sina. com（营销中心）
E-mail：gslzbs@ sina. com（总编室）

序 言

有团队精神的企业是有文化内涵的企业，崇尚团队精神的企业是真正有竞争力的企业。

有团队精神的员工，也是企业中最闪耀的一员。那么，怎样才能成为一名引人注目的有团队精神的员工呢？拥有团队精神的员工又具有什么样的特质和素养呢？

有团队精神的员工不找借口，从不抱怨。他们执行工作没有任何借口，把团队或企业当作自己的家，以主人翁的态度对待工作；他们高效执行领导的指示，对工作兢兢业业。他们善于管理时间，工作高效率；他们不做"孤独英雄"，善于合作，乐于和大家分享荣誉和奖励；他们拥有良好的职业形象和得体的职业礼仪，懂得如何把自己打造成真真正正的职场人士；他们深知只有在团队中传递正能量，自己才能"升值"。

人是构建企业"大厦"的最核心因素，企业经营者对有团队精神的员工的渴求是从来没有止境的。员工是企业最大的财富。员工的素质直接决定企业的兴衰成败。拥有团队精神的高效执行的员工是推动企业发展的生力军，即使在企业遭遇困难时，他们也总能力挽狂澜。他们是企业的"灵魂"，是企业永续经营的"常青树"。

本书结合大量生动、贴切的案例，系统讲解了拥有团队精神的方法，告诉人们怎样才能高效地工作、怎样才能打破工作中的困局、怎样才能在团队中找到自己的位置、怎样才能通过团队促进自己的成长，等等，希望能给千千万万在职场中打拼的人以启示。

本书作为职场人士实用型必修手册，既适合职场新人，也适合在职场中打拼多年却常遇到职业发展瓶颈的老员工，希望能为有志于创立一番事业的人指明道路。翻开此书，领悟此书，运用此书，你将成为职场中有团队精神的最闪耀的人。

目 录

CONTENTS

1

下篇　团队凝聚正能量

上 篇

团队执行步调要一致

态度决定一切

一个人工作成就的高低直接取决于他的工作态度。你可以选择对自己的工作充满热情，也可以任由自己被消极、被动的情绪所"包围"。但如果你对工作表现得很消极，没有热情，那你就不可能取得任何成就。如果你认为自己先天条件不足、能力差，而又不去学习，不去追求上进，你就永远不会成为一流的员工，因为自甘平庸的工作态度会让你的工作真正流于平庸。相反，如果你认为自己所从事的工作非常重要，全心全意地去对待，那么你一定会成为一名优秀的员工。

心理学家认为，一个长期认为自己的工作重要的人，会受到一种心理暗示，那就是自己能够把工作做得更好，他就能更加认真地对待工作，对自己的工作充满热情。

　　埃克在一家电脑公司担任业务主管，这家公司的生意相当红火，公司的每一个员工都对自己的工作充满了热情和骄傲。

　　然而，之前公司的情况并非如此。那时候，公司的员工大多对自己的工作感到厌倦，有些员工甚至已经做好了辞职的准备。但是，埃克的到来使这一切发生了改变，他对待工作充满激情，每天兢兢业业，这种精神状态感染了公司的每一个员工，并点燃了他们心中的激情。

　　每天，埃克都第一个到达公司，他会微笑着与每一个同事打招呼。在工作中，他追求精益求精。在埃克的带动下，公司的其他员工也都开始早来晚走，变得斗志昂扬。埃克也获得了经理的认可，半年之后被提升为主管。在他的带动和感染下，许多员工的工作状态大为改善，公司的业绩也节节攀升。

　　拥有积极的态度，主动承担更多的责任，是成功者必备的素质。在工作中，关系到一个人成败的往往不是能力，更多的是他对工作的态度，也就是所谓的责任感。

　　一家公司的营销部经理带领一支队伍参加某国际产品展览会。在展会开始之前，他们有很多事情要做，包括展位设计和布置、产品组装、资料整理和分装等，甚至需要加班加点地工作。可营销部经理带去的大多数员工，却和平日在公司时一样，不肯多干一分钟，一到下班时间，就不见人了。经理要求他们干活，他们竟然说："没有加班费，凭什么干啊？"更有甚者还说："你也是打工的，不过职位比我们高一点而已，何必那么卖命呢？"

在展会开始的前一天晚上，公司老板亲自来到展场，检查展场的准备情况。老板到达展场时，已经是凌晨一点，让他感动的是，营销部经理和一名员工正挥汗如雨地趴在地上，仔细地擦着装修时黏在地板上的涂料。见到老板，营销部经理站起来说："我失职了，没有能够让所有人都来工作。"老板拍拍他的肩膀，没有责怪他，而是指着那名员工问："他是在你的要求下才留下来工作的吗？"

经理把情况说了一遍。原来这个员工是主动留下来的，在他留下来时，其他员工还一个劲地嘲笑他"傻"。

老板听了，没有任何表示，只是招呼他的秘书和其他几名随行人员加入到工作中去。参展结束后，一回到公司，老板就开除了那天晚上没有参加工作的员工，同时，将与营销部经理一同加班的那名普通员工提拔为安装分厂的厂长。

那些被开除的员工很不服气，来找老板理论。

老板对他们说："用前途去换取几个小时的休息，是你们自己主动这么干的，我通过这件事情可以推断出，你们在平时的工作中也一定偷了很多懒。而那名加班的员工虽然只是多干了几个小时的活，但我却从这件事中看出，他是一个有团队意识和责任意识的人。提拔他，是对他工作尽职尽责的回报！"

在这个世界上，任何人都回避不开"团队"二字，也回避不开"责任"二字，只有拥有团队精神和责任意识，才能有所成就，才能最终成功。

卢浮宫内藏有一幅莫奈的油画，画的是女修道院的厨房里的场景。画面上正在劳动的不是普通人而是一群天使。她们一个正在炉上烧水；一个正优雅地提着水壶；另一个则穿着厨娘的服饰，手拿餐具——这虽是日常生活中最平常的劳动，天使们却做得全神贯注、一丝不苟。

工作的意义是由你的态度决定的。你在工作中所表现出来的姿态，使你区别于周围的人。你对工作的态度正确、积极，会使你的思路更宽广，会使你所从事的职业变得更有意义；而如果你工作的态度不正确，则可能会使你从事的职业变得更"无趣"。所以，负责任的工作态度对一个人的工作和人生具有十分重要的意义。

任何一项工作都值得我们负责任地去做。不要轻视我们所从事的每一项工作，即便是在最不起眼的岗位上，也应该尽职尽责、全力以赴。小事情认真负责，一步一个脚印地努力向前，才会做成以后的"大事"，才会最终取得成功。

胸怀责任，对自己才有要求

责任是一个人的立身之本。只有勇于承担责任的人才能够做出成绩，才能够被赋予更多的使命，也才有资格获得更多的荣誉。只有团队中的每个人都意识到自己的责任，承担起自己的责任，整个团队的工作才会做得更好，每个人的人生也才会更加精彩。

工作不是游戏，工作是职场人士的使命。企业的老板都希望把每一份工作交给责任心强的人，不负责任的人是企业"避之不及"的。

休斯·查姆斯在担任一家公司的销售经理时曾面临过一次极为尴尬的情况：该公司的财务发生了困难。这件事被销售员知道了，很多人失去了对工作的热忱，销售量开始下跌。到后来，情况更为严重，公司不得不召集全体销售员开一次大会。

查姆斯主持了这次会议。首先，他点了以前的几位最佳销售员的名字，要他们说明销售量为何会下跌。这些被点到名字的销售员一致认为，是因为商业不景气、资金缺少，以及种种难推销的情况存在。当第五个销售员开始列举使他无法完成销售配额的困难时，查姆斯突然跳到一张桌子上，高举双手，要求大家肃静。然后，他说道："我宣布大会暂停 10 分钟，让我把我的皮鞋擦亮。"然后，他让坐在附近的一个黑人小工友把他的擦鞋工具箱拿来，并要求这个小工友把他的皮鞋擦亮，而他就站在桌子上不动。在场的销售员都惊呆了，以为查姆斯发疯了，开始窃窃私语。此时，那个黑人小工友却不慌不忙，先擦亮他的第一只，然后又去擦另一只，他娴熟的技巧，表现出一流的擦鞋水准。

皮鞋擦亮之后，查姆斯给了黑人小工友一毛钱，然后开始发表演说。

他说："我希望你们每个人都好好看看这个小工友。他拥有在我们整个工厂及办公室内擦鞋的权利。他的前任是个白人小男孩，年纪与他一样。尽管公司每周补贴那个白人小男孩 5 元的薪水，而且工厂里有数千名员工，但他仍然无法从公司赚到足以维持他的生活的费用。

"可是现在这个黑人小男孩不仅可以赚到相当不错的收入，还不

需要公司补贴薪水，每周还可以存下一点钱来，而他和他的前任的工作环境相同，工作的对象也完全相同。

"现在，我问你们一个问题，那个白人小男孩没有得到更多的生意，是谁的错？是他的错，还是顾客的错？"

那些推销员不约而同地大声说："当然是那个小男孩的错。"

"正是如此。"查姆斯说，"现在我要告诉你们，你们现在推销时和一年前的情况完全相同：同样的地区、同样的对象以及同样的商业条件。但是，你们的销售成绩却比不上一年前。这是谁的错？是你们的错，还是顾客的错？"

会场安静了几分钟，最后传来雷鸣般的回答："是我们的错。"

"我很高兴，你们能坦率承认是自己的错。"查姆斯继续说，"我现在要告诉你们，你们的错误在于，你们听到了公司财务发生困难的传言，使这传言影响了你们工作的热忱，你们不像以前那般努力了，责任心也降低了。实际上，公司是大家的，如果大家不努力，公司也不会有好效益。现在，你们回到自己的销售地区去，并保证在 30 天内，每人卖出 5 台收银机，那么，咱们公司就不会再发生什么财务困难了。你们愿意这样做吗？"

"愿意。"销售员齐声回答。

一个月之后，销售员们曾经强调的种种理由——商业不景气、资金缺少等，仿佛根本不存在了似的，销售额有了大幅度提升，公司的销售成绩稳步增长。

可见，责任对于团队员工来讲有多么重要。责任就意味着对自己有要求。

当护士一直是玛丽的梦想，她的邻居在地方医院担任夜间领班护士，玛丽对其羡慕不已。这位邻居由于工作勤奋，认真完成自己的本职工作，多次获得荣誉称号。玛丽十分渴望能够像这位邻居那样做出成绩。玛丽决定向她的目标迈出第一步，即穿上护士制服，到医院去参加服务工作。玛丽坚信自己适合做护士。玛丽进入医院后，总是跟伙伴们一起叽叽喳喳地聊天，吃完饭总要多休息一会儿，而在履行自己的护士职责时总是拖沓。患者抱怨说，由于她贪看病房里的电视，自己想喝水也不得不长时间地等待。后来，玛丽被院方辞退。

护士工作需要极强的责任感和团队意识，这是玛丽没有意识到的。任何人都想在事业上有所成就，但必须认识到，想要成功，就必须要有团队精神，工作高效，认真负责。只有对工作负责任，人对自己才会有高标准的要求。

另一个护士则与玛丽形成鲜明对比，用她的行动证明了什么是责任心。

在一所大医院的手术室里，有一个年轻的护士，她第一次担任手术室的责任护士。患者伤口就要开始缝合了，这个护士对外科大夫说："大夫，你只取出了 11 块纱布，可我们用了 12 块。"

"我已经都取出来了，"外科大夫肯定地说，"我们现在就开始缝合伤口。"

"不行！"年轻护士阻止道，"我们用了 12 块。"

"由我负责好了，"外科大夫严厉地说，"缝合！"

年轻护士激烈地抗议道："你不能这样做，我们要对患者负责！"

外科大夫微微一笑，举起了自己的左手，上面放着第 12 块纱布。外科大夫称赞说："你是一位合格的护士。"显然，他是在考验年轻护士是否具有对工作的责任感。

人不可以没有责任。人无论在什么时候，都不能放弃肩上的责任，因为扛着它，就是扛着自己生命的信念。

香港著名实业家李嘉诚曾经说过："衡量成功的标准并不是看你

向社会索取了多少，而是看你为社会贡献了多少！"一定要将责任根植于我们的内心，让它成为我们脑海中一种强烈的意识，从而促使我们变得更加卓越。

一个人责任感的强弱决定了他对待工作是尽心尽责还是应付了事，也决定了他工作业绩的好坏。人如果没有责任感，就算是做自己擅长的工作，也不会做得很好。责任感是我们在工作中战胜种种压力和困难的强大的精神动力，它使我们有勇气排除万难，把看似不可能的任务出色地完成。

罗恩盖了一辈子的房子，因敬业、勤奋而深得老板的信任。现在他年老力衰了，于是他对老板说，自己想退休回家与妻子儿女共享天伦之乐。老板舍不得他，再三挽留，无奈罗恩去意已决。老板最后只好答应了罗恩的请辞，但是希望他能再帮自己盖一座房子。罗恩自然没有办法推辞。

然而，罗恩已归心似箭，心思完全不在工作上了。他对用料不再那么严格，做出的活也没有了往日的水准。老板看在眼里，但什么也没说。等到房子盖好后，老板将钥匙交给了罗恩。

"这是你的房子，"老板说，"这是我送给你的礼物。"

罗恩顿时愣住了，悔恨和羞愧溢于言表。他一生盖了那么多质量精良的豪宅华亭，最后却为自己建了一座粗制滥造的房子。

所以，人无论在何时何地、何种境况之下，都不应该失去对工作尽心尽力的责任心。

通常，一个拥有责任感和团队精神的人，具备以下特征：

1. 主动承担责任。

2. 总是会为他所承担的事情付出心血，也会为达到一个尽善尽美的目标付出自己的全部努力。

3. 为团队服务，不找借口，也不推诿责任。

坚定目标，激发正能量

目标就像灯塔，指引着人向正确的方向前进。正能量则为人提供不断向前的动力和可能。

美国潘尼百货公司的老板吉姆·潘尼曾经讲过，在他父亲临终时，他听到父亲说："我知道吉姆一定会成大器的。"打从那时起，潘尼就觉得自己会成功——虽然那时他并无资产，也没有受过什么教育。他怀着"一定会成大器"的信念，硬是在艰难的环境下，成为拥有数十家连锁商店的老板。

在奋斗的过程中，每当感到沮丧时，潘尼就会记起父亲的话，并下决心无论如何都要克服这些困难。他一度把所有的钱都赔光了，那时他年纪已经相当大了，有很多人在他那个年纪早已退休了。不过，他再度记起父亲的话，于是，他的内心便又充满了"摔倒了要爬起来"的信念。后来，他成功了，他的店铺开得比以前还要多。

所以，坚定目标，往往能产生非凡的效果。要在自己的心中树立清晰而生动的目标，再体会当你实际达到目标时的那种心情，你的内心就会自然而然地产生巨大的正能量。换句话说，坚定目标，激发正能量，会使你拥有更富创意的见解和更持之以恒的行动。

有一位青年由于受到职业问题的困扰，跑去找职业规划师。

这位青年大学毕业已经 4 年。职业规划师先了解了这位青年目前的工作、教育背景和对事情的态度，然后问他："你找我帮你规划工作，你喜欢哪一种工作呢？"

青年说："这就是我找你的目的，无论做什么我都没有信心，我真的不知道自己想要做什么。"

职业规划师说："我希望你明白，找工作以前，一定要先深入了解哪一行适合自己。所以，从这个角度来看看你的计划，10 年以后你希望自己成为怎样的人呢？"

青年沉思了一会儿，说："我希望我的工作和别人一样，待遇很优厚，能挣到足够的钱买一栋好房子。当然我还没深入考虑过这个问题。"

职业规划师说："你现在的情况仿佛跑到航空公司里说'给我一张机票'一样。除非你说出你的目的地，否则对方无法卖给你机票。如果你自己都不知道自己的目标，别人也无法帮你找工作。只有你自己的目标才能让你到达目的地。"

可见，只有确定了自己奋斗的目标，我们才能调动起"沉睡"在心里的那些优秀、独特的品质，才能锻炼自己、造就自己，才能取得优异的成绩，才能像雄鹰一样在高空中展翅翱翔。

《爱拼才会赢》里有句歌词写得很好：三分天注定，七分靠打拼，爱拼才会赢！

1996年，21岁的小伙子章勇来到上海闯荡，寻找发财致富的机会。人生地不熟，住在没有风扇和电视机的房子里，他天天思忖着怎么打开自己的IT产品财务软件——金蝶的销路。没人告诉他未来的道路应该怎么走，他只能听从自己内心的呼唤：自信、努力、拼搏！

"金蝶是卖碟片的？"面对客户的疑问，章勇意识到，要想赢得市场，必须敢想敢干，有先声夺人的"商战"策略。经过对产品的深入研发，他率先将Windows操作系统的中文界面引入财务软件，使财务软件的操作界面更友好，这个改变使金蝶迅速在上海财务软件市场上脱颖而出。

在上海的软件企业中，章勇最早率领金蝶建立研发部门，使金蝶从做单一的财务软件转向做管理软件。随着业务的发展，客户提出许多新需求，比如，一些国际厂商希望系统能与国外总部的系统接轨。公司只有一两个研发人员，但大家在章勇的带领下，不断进行技术改革，为上海金蝶成功转变为集销售、市场、研发、技术支持等诸多职能于一身的企业管理解决方案供应商奠定了基础。当许多软件企业还没想到投放广告时，章勇却已经开始一家家地拜访媒体，并将市场宣传做得有声有色。

章勇在金蝶一直保持着几个"最"：从刚进金蝶时最年轻的员工，到最年轻的区域总经理，一直到集团最年轻的副总裁，甚至当初在评选上海 IT 新锐人物时，他也是最年轻的一位。

哈佛大学的伯顿·怀特博士曾以"目标"为题做过一次演讲。怀特博士指出，在早期生活中没有过成功经历的学生，往往没有机会养成"确立目标"的习惯，因为在确立目标并取得成功的过程中，会激发人内心的正能量。所以，他鼓励老师们在教低年级学生时，为学生安排一些需要确立目标而且容易获得成功的功课，使学生有机会体会到成功的快乐。这种目标必须是学生能够胜任，同时能够引起他们的兴趣，使他们感到热衷而引起自发的创造性的。

我们需要养成"确立目标"的习惯，同时要激发出自身的正能量，这样，我们才能够做成更困难的事，取得更大的成功。

自信是成就大事的基础

　　有些人生来就富贵显达，不用愁厅堂之事；有些人却生来穷困潦倒，生活捉襟见肘，于是他们中的一些人便开始抱怨上天不公。其实，绝对的公平是没有的，有钱有地位的人也是靠自己奋斗才成功的，普通的人只要努力也可"撑"出一片灿烂的新天地。自信的力量非常重要，自信是做大事的基础。

　　人可以贫困，但是不能失去自信，不能失去改变现状的勇气。积极向上的生活态度是一种无比珍贵的财富。

　　小王毕业后去了西部一座小城的居委会工作。在这个城市里，贫困户在年前可以获得居委会的一些帮助。小王与同事们背着大米与食用油等挨家挨户地走访这些人家。这些人家家里普遍都很简陋，可是当他们循着地址推开了又一户人家的家门时，小王以为，他们一定是走错了。

这一家窗明几净，有冰箱，有洗衣机，有漂亮的窗帘和门帘，有摆放得很整齐的书籍……这家的男主人几年前病逝，家里欠下了很多债。两个孩子中还有一个是残疾。女主人靠一份薪水养三口人，还要还债，经济状况可想而知。但女主人脸上始终挂着笑容，她说，冰箱、洗衣机都是居委会把别人淘汰下来的送给她家的，用用也蛮好；孩子懂事，做完功课还帮她干家务……这时，小王才发现那漂亮的门帘是用纸做的，那些书全是孩子用过的教科书，灶间的调味品只有油和盐，但油瓶和盐罐擦得发亮。最让小王肃然起敬的是进门时女主人递给他的拖鞋，那鞋的鞋底已经磨得很薄了，但是女主人却用旧毛线在鞋帮上织出了漂亮的图案，穿着好看又暖和。

小王一行人在这户人家停留了10多分钟，小王渐渐看出，这一家确实贫困，但这家人却不甘于贫困，对生活充满斗志。小王深信，这家人会很快摆脱贫困，因为他们虽然物质贫乏，但精神绝不萎靡，对生活充满了信心。

一位心理学教授曾遇到过一个"不幸"的青年。这个青年是大学毕

业生，身材很魁梧。他说，要不是他的父亲每星期给他钱，他准会挨饿。他尝试过许多事情，但都以失败告终。他说，他不相信自己的能力，他从事任何一种职业时，都不认为自己可以成功。所以，他东奔西走，结果仍是一事无成。这位心理学教授"诊断"道，这个青年是因为不自信，所以才无法走上生活的"正轨"。

有些人面对生活中的困难时会产生畏难情绪，于是，他们不再努力，心灰意冷，失去了奋斗的动力。还有些人很自卑，认为自己不可能成功，于是，他们还没有开始奋斗，就已经被困难吓倒了！要想改变这种状态，除了恢复他们已经失去的自信心，"赶走"他们脑海中的悲观外，别无他法！

自信与自立，是获得理想人生的基石。为了获得理想的人生，首先要调整好心态，树立自信。我们常能在一些虽然贫穷、不幸却仍然努力奋斗的人身上发现这种品格，他们不向贫穷低头，也不向不幸弯腰，坚强勇敢，永远积极阳光，奋斗不止。

在过去的 20 年里，"娃哈哈"应该是大部分中国人都买过的矿泉水。事实上，"娃哈哈"的产品几乎已覆盖中国的每一个乡镇。这个从校办企业起家的企业，如今的影响力不容小觑。"娃哈哈"的成长是一个白手起家的故事，是一个勇敢拼搏的故事。故事的主角就是"娃哈哈"的领头人——宗庆后。

宗庆后出生于杭州，中学毕业后，为减轻家庭负担，身为长子的他来到条件艰苦的舟山盐场工作。一年后，他又辗转到了绍兴。1979年，在小学当教师的母亲退休后，宗庆后回到了阔别多年的故乡杭州。由于文化程度低，他被安排在一所小学里当校工。

1987年的一天，"娃哈哈"的前身——杭州市上城区校办企业经销部成立。42岁的宗庆后带领两名退休老师，靠着14万元借款，靠代销汽水、棒冰及文具纸张起家，开始了艰辛的创业历程。1988年，他们开始为别人加工口服液。1989年，他们成立了"杭州娃哈哈营养食品厂"，开发生产"娃哈哈儿童营养口服液"，产品一炮打响，走红全国。1990年，创业只有三年的"娃哈哈"产值突破亿元大关，完成原始积累。经过多年的发展，"娃哈哈"2008年的销售收入过百亿元，成为贡献利税几十亿元的中国最大的食品饮料生产企业、全球第五大饮料生产企业。

"上天"无意让任何人甘于平庸。当你坚定意志，一往无前地朝"成功""富裕"的目标迈进时，就没有任何障碍可以阻挡你的脚步。

因为这种强大的信念可以给予你无穷的力量。

人一定要有坚定的信心，同自己的畏难情绪作斗争。因为世间的种种幸福，都是奋斗得来的。只要你有足够的信心，努力去争取，"成功""富裕"就不会离你太远！

借口是执行的"绊脚石"

现如今，借口就像敷衍别人、开脱自己的"万能药"，就像掩饰过失、推卸责任的"挡箭牌"。遇事找借口仿佛已经成为"家常便饭"，但团队执行最忌找借口。很多人不是把宝贵的时间和精力放在如何高效工作、解决问题、改正失误上，而是放在如何寻找一个合适的借口上，忘记了自己应该承担的责任。

在工作中，我们常常会遇到各种难题，使工作陷入困境、止步不前；我们也常常会犯这样那样的失误、错误，造成被动的局面或产生不良的影响。当遇到这种情况的时候，你会怎么做？是想方设法解决问题，还是敷衍了事？是主动承担责任，还是找借口逃避？不同的选择反映了不同的工作态度，不同的工作态度决定了不同的执行结果。

下面的对话你也许不会陌生：

A："这样做太冒险了，出了问题谁来负责？"

B："我是计划的倡议者之一，如果计划失败，我去向老板交代。"

在这两个人中，你希望你是前者还是后者呢？

在工作中，有成绩时常常有许多人争先恐后，出现问题后很多人却往往习惯性地寻找各种貌似合理的借口来推脱，诸如：

都是因为其他部门不配合才把事情搞砸的；

我尽力了，但那个客户太难搞了，我也没办法；

这不关我的事，我是照领导要求做的，出现这种结果，不该由我负责；

要不是因为堵车，我不会迟到的；

本来不会出问题的，都怪××乱插一杠子；

原本我是打算这样做的，但是——

……

洛克菲勒认为，找借口是一种"思想疾病"，而患有这种严重"病症"的人，无一例外都是消极处世者。他说："那些没有任何作为，也不曾计划要有一番作为的人，经常会有一箩筐的理由来解释自己为什么没有做到、为什么不做。失败者为自己处理'后事'的第一个举动，就是为自己的失败找出各种理由。"

借口会让人消极颓废、不思进取、做事畏首畏尾、丧失主动性和创造力；借口会使人不思反省，犯过的错误依然再犯，永远不会进步。这种消极心态不仅会剥夺一个人成功的机会，而且会影响整个团队，长此下去，会使团队中的其他人也丧失责任心、感恩心和忠诚度。借口会使员工只知推卸责任，难以获得同事的尊重和支持，也不可能获得上司的信赖和认可。没有人愿意和缺乏责任感的人共事，遇事找借口会使人在逐渐失去人心的同时，最终也失去工作，失去成就事业的机会。

但是，为什么寻找借口的行为仍然会普遍地存在呢？

心理学家认为，人对于承认错误和承担责任往往怀有一种畏惧感。许多人认为，承认错误就意味着要接受一些惩罚；承担责任就意味着自己会多一分风险。在现实生活中，一个不争的事实是：大多数人希望自己能够安稳顺达，他们并非不想承担责任，只是不希望冒险的意识总是占据"上风"，于是他们的脚步犹豫了；他们也并非喜欢说谎话，只是有时候太顾及"脸面"，于是失去了诚实。实际上，在工作中，没有任何一种借口可以"站得住脚"，借口只会使错误越犯越多，使人的工作能力越来越差，长此以往，当找借口成为一种习惯，找借口的人将注定一事无成，并且失去他人的尊重。

因此，一个人在工作中，不要让借口成为自己前进的"绊脚石"，要克服任性、自大、怯懦等缺点，尽快与周围的人"融合"在一起，谦虚、低调、乐于助人，主动承担责任，不推诿，不断提高自身修养，从而赢得他人的尊敬、信任与支持，也为自身的发展赢得良好的契机与平台。

忠诚是团队精神的根本

要赢得企业的青睐，成为企业最信任、最器重的员工，除了要有过硬的专业技能外，还需要具备一项基本品格——忠诚。

如今，在很多人眼里，忠诚常常被搁置于角落，越来越多的人把工作上的回报视为认可自己的标准。有些人想获取更多的薪水而不断"跳槽"，把"跳槽"前的工作作为向所谓更好的工作发展的"垫脚石"；有些人因不能如愿顺利升迁而无端诋毁得到升迁的同事，破坏团队和谐，阻碍工作进程；更有些人甚至无视职业道德，为获私利而将企业机密透露给竞争对手，造成企业重大损失，等等，这些都是违背忠诚原则的行为。

拿破仑说过：一个不忠诚的士兵，就没有资格当士兵。同理，在工作中，不能坚守忠诚原则的员工，就没有资格成为企业需要的合格敬业的员工。

那么，如何才能成为一名合格的、忠诚的、敬业的员工呢？

（1）树立忠诚的态度。

① 不要简单地把忠诚视为一种单方面的付出，忠诚于工作，是一个人自身生存和发展的重要基础。

很多人认为忠诚只是企业的需要、工作的需要，是企业使员工心甘情愿为其服务的手段。这是一种认识误区，实际上，忠诚是责任心的高度体现，是本分做人、踏实做事的具体表现，忠诚的受益人不仅仅是企业，更是员工自己。

比如，一个团队做一个项目，如果每个人都忠诚于团队，团队的向心力就强，完成任务的效率就高，创造的价值也就大。作为团队成员，每个人在获得物质利益的同时，也会更受领导青睐，在团队的地位会越发牢固，自身的发展前途也会更加光明，这就是忠诚对团队成员的回报。相反，如果团队中的每个成员都各自为政，不仅会使任务的完成效率低下，而且由于"内讧"，甚至会使项目"流产"，或出现互相推诿的现象，进而造成整个团队的不稳定、不团结。

表面上看，忠诚创造的价值，大部分可能并不属于员工自己，但忠诚可为一个员工赢得好名声、好形象，这完完全全是属于员工自己的，是一个人的"私有财产"，也是其立足企业、立足社会的最有效的"名片"。

所以说，忠诚是企业的需要，但更是员工自己的需要。

② 最大化的自我实现与忠诚并不对立，而是相辅相成。

在当今这个竞争激烈的时代，在鼓励个人发展的社会大环境中，谋求个人利益最大化、实现自我价值最大化是大多数人明确的目的追求。于是，我们常常看到这样的情况，即在面临抉择或诱惑的时候，很多人往往"背叛"了企业而忠诚于自己的成就欲望。他们认为实现自我与忠诚于企业是相互矛盾的，是不相容的。但实际上，最大化的自我实现与忠诚并不对立，而是相辅相成的。忠诚可以使员工与企业之间建立起绝对的信任关系。只有绝对忠诚的人，才能被企业所信任、所接纳，企业才能为其提供更广阔的舞台，来施展自身的才华，证明自身的价值，使自身有更多的机会来最大化地实现自我价值。

(2) 忠诚不仅是尽心尽力干好自己的工作，也是团队精神的体现。

作为企业的一名员工，对自己的工作忠诚是最基本的忠诚，因为，对岗位忠诚，对团队忠诚，最终都要落实到对工作忠诚上，即履

行自我职责是最大的忠诚，人不仅要全心全意地做好自己的工作，而且要更好更快地多做工作。忠诚是行动，不是口头上的说说而已。忠诚具体体现在以下几个方面：

① 有奉献精神。忠诚的员工不会在个人利益上斤斤计较，不会以报酬来衡量自己的付出。他们更看重的是能为企业做多少工作、做多少贡献，是否有能力提升、经验积累及发展的机会。

② 视企业为家。忠诚的员工会发自内心地热爱自己的企业，即使在无人监督的情况下，也会主动维护企业利益，全力捍卫企业形象，与破坏企业形象、损害企业利益的人作斗争。

③ 绝不会滥用职权或利用职务之便为自己谋取私利。忠诚的员工绝不会假公济私，或以职务便利为自己谋私。

④ 执行任务不讲条件。忠诚不是表现在口头上，而是要以优秀的工作成果来证明自己。忠诚的员工无论遇到多么困难的任务，都敢于接受挑战，按时保质完成。

⑤ 失败后不找借口。忠诚的员工勇于承担责任，工作中不推诿，出现失误时不会找各种各样的借口来推卸责任，他们只会从自身找原因，找到问题所在并予以改进。

⑥ 与企业共命运。企业遇到困难时，忠诚的员工能积极为企业分忧，一如既往地坚守自己的工作岗位，恪守工作职责，与企业共渡难关，而不是在企业遭遇困难时，或"跳槽"，或等待，或一副"事不关己，高高挂起"的样子。

履行工作职责，忠诚于企业，是企业对员工最基本的要求，也是最重要的要求。

在团队中要做个有心人

在工作中，许多人追逐"眼前利益"时，往往忘了周围的人。职场是个小社会，团队也是个小集体，如果员工能够做个有心人，处理好其中的关系，那么就更能在职场中取得成功。在团队中，做个有心人，要注意以下几点：

（1）不要"拉帮结派"。

"拉帮结派"是一种搞小集团、不团结的表现，不但不利于个人发展，而且这种小集团往往"一损俱损"。许多企业都非常反感"搞帮派"的人。在工作中，人要坚守底线，分清是非，不"拉帮结派"，把精力放在工作上，相信"是金子总会发光"的。

(2)不要斤斤计较。

斤斤计较者多为了一些鸡毛蒜皮的小事，或者因太过在乎个人得失而无法将精力与热情有效地投入到工作当中，从而影响工作的效率。因此，要学会正确对待"利益"与"吃亏"，正确看待"舍"与"得"，懂得"吃亏是福"的道理，让心胸宽广一些。

(3)不要背后议论他人。

背后议论他人，与其说是一种坏习惯，不如说是一种道德缺失的表现。每个人都有所长，也有所短，背后议论他人不仅是在放大自己的缺点，也是不负责任的表现，影响团队的和谐。

(4)不要与他人"称兄道弟"。

同处一个团队，每个人各有分工，大家也都有"地位"之分，所以，不要和同事"称兄道弟"。

(5)不要阿谀奉承。

阿谀奉承是一种虚伪的表现。许多人为了达到某种目的而虚伪地"奉承"，殊不知其他人并不是"傻瓜"。一味地阿谀奉承，不如多做几件实事。团队中如果阿谀奉承的人很多，就会影响工作的正常秩序，加重他人的工作负担，从而影响整个团队的工作效率。

（6）闲话要少说。

在工作场合，经常说闲话绝对会降低一个人的人格魅力，有时候它就像一枚"职场炸弹"，会让周围的人感到无所适从。所以，闲话要少说，避免被他人误解，或者产生纠纷。

（7）不要过于刻板。

同处工作场合，大家都是同事。同事之间，要和睦一点。不要过于刻板，总是一副"苦瓜脸"或一副"凡事就这样，不能灵活变通"的样子，这样会影响与他人的交往与沟通。

（8）不要"四面树敌"。

在工作场合最忌讳"四面树敌"，就事论事很重要。与人树敌只能带来烦恼，既破坏个人情绪，又影响工作效率。因此，"四面树敌"是不理智的做法，更是工作中的大忌。

（9）不要随意发牢骚。

职场是工作的场合，牢骚尽量少发，要多调整心态，平和处事。即使遇到难题，也要冷静待之，否则牢骚被上司、同事听到，会影响团队团结。

（10）不要夸夸其谈。

夸夸其谈会让人觉得你是一个非常自大、肤浅的人。"山外有山，人外有人"，谦虚一点，不要成为只会耍嘴皮子的"跳梁小丑"！

（11）要注意礼貌，多用礼貌用语。

讲礼貌是一种尊重他人的表现，也是一种高尚的品德。在工作中要讲礼貌，多说礼貌用语，这样不仅能愉悦他人，还能为自己提高声誉，何乐而不为？

（12）要懂职场礼仪。

你怎样说话、怎样沟通，甚至你的一举一动都能成为他人眼中的焦点。在职场中，要做一个懂礼仪的人，做到落落大方、亲切随和。

（13）谦虚低调。

"三人行，必有我师。"虚心才能取得进步，低调才能赢得成功。懂得谦虚低调，是一种做人做事的正确态度，也是一个人极为宝贵的品质。

（14）谨慎做人。

做事要谨慎，懂得三思，多反省自身，善待他人。

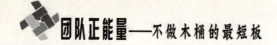

（15）诚实守信。

诚信守信是做人的第一要求。身处职场，诚信守信会让你变得更有魅力。诚信守信者总是能够成为职场中最受欢迎的人，而那些爱说谎、常食言的人则很难让人信任。

（16）团结至上。

如今是"团队至上"的时代。在工作中，团结精神非常重要，它不仅是团队和谐的基础，更是协调工作、提高做事效率的关键。

（17）学会赞美。

赞美不是阿谀奉承，而是对他人的一种尊重和欣赏。赞美他人，同样能得到他人的尊重。即使批评他人，也要先肯定其优点、长处。而对于有些人，与其批评，不如赞扬，使其发现自己的缺点，主动改进。

（18）学会取舍。

"鱼与熊掌不可得兼"，凡事都要学会取舍。俗话说：有舍就有得。只顾眼前利益者，必定做不了大事。千万不要"捡了芝麻，丢了西瓜"，不要为了蝇头小利而耽误了自己的前程。

（19）善于控制自己的情绪。

良好的自控力是自我修养极高的一种表现。人要善于控制自己的情绪，不做职场中的"炸药包"，以免自己的火气伤到他人。在工作中，要懂得收放自如，保持平和。

（20）集体利益至上。

工作的目的是展示自己的才华，最大程度地实现自己的价值，也是为了企业自身的发展，所以，职场之人更要维护集体的利益。任何企业都喜欢顾全大局、集体利益至上的员工。

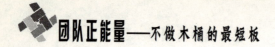

知识改变命运

知识可以使人更加聪慧，让人更具竞争力。所以说，知识改变命运，学习改变人生。

企业不是"驿站"，更不是知识贫乏者的"培养中心"。在企业中，知识和技能的获取主要靠自己的主观能动性。努力学习、掌握知识是通往成功的必由之路。

当今社会，职场竞争激烈，知识更新周期缩短，人一旦不学习就容易跟不上形势，还有可能被社会淘汰。所以，拥有先进的知识结构和出色的技能才能满足企业、团队的迫切需要。数学家华罗庚曾说过："聪明出于勤奋，天才在于积累。一个人的能力主要靠学习获取。"

有个穷孩子，从小到大，只上过三年学。后来，他的父母双双病倒，无奈之下，他只好来到城市里打工。

在老乡的介绍下，他去了一个建筑工地干力气活，每天工作十二个小时，只赚二十块钱。他做的工作不仅是最累的，而且是最没有技术含量的。当他得知一名瓦匠一天可以赚八十块钱，一名电焊工一天可以赚一百块钱时，他才知道自己与他人的差距。

他一边辛苦工作，一边向身边的师傅"取经"。他礼貌诚实、勤奋好学，逐步掌握了泥瓦工和电焊工的技能，薪水也上涨了一些。

后来，他又利用业余时间去学习，希望掌握一些技能在城市立足。他报了夜校学习烹饪，经过努力，他拿到了厨师证，先在一家餐馆工作，后到了一家酒店，昔日的穷孩子，成为一名高级厨师。建筑工地上的许多人都感到惊讶，称赞他不一般，是个能成大事的人。

学习是提高竞争力的最有效手段。一个有竞争力的人不在于他有多高的学历，而在于他有持之以恒的学习力。

热爱学习的人总能得到许多机遇。

李桥大学毕业后，进入职场做文职工作。她有一股不服输的精神，下决心一定要通过自己的努力坚持下去。

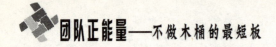

　　李桥看到自己的公司常与外国人打交道，于是利用业余时间努力学习英语，并且通过了托福考试；得知公司对后勤管理的要求是要懂社会心理学，她又报了心理咨询师学习班。

　　李桥不断地学习，换来了一项又一项有用的技能。俗话说：技多不压身！她成了一名"最好用"的员工，在领导的心目中，这个员工"无所不能"。一次，陪领导去国外考察市场的翻译有事去不了，李桥毛遂自荐，全程充当翻译角色，还策划了让公司多赢利的方案。回国之后，领导调李桥去了公司翻译处，专门从事公司的外事工作。

　　通过学习提高技能，是提升自身素质的最好途径。很多人通过学习成为某行业的专家，拓宽了自己的人生道路。

　　学习的方式、方法多种多样，比如，通过学习报考职称考试，或通过报名函授、自考等利用业余时间提高自身学历；比如，多阅读多总结，学习各种知识，丰富自身，拓宽眼界，扬长避短，发挥优势；比如，多与人交流，通过沟通获益；比如，掌握一些其他技能，如沟通上的技巧；比如自我加压，养成爱学习的好习惯；等等。改变命运的机会其实很多，只要学习，机会就近在眼前。

《三字经》中有云：玉不琢，不成器；人不学，不知道。人只有不断学习，才能跟上形势的发展，才能真正成为社会上"有用"的人。

知识改变命运，身在职场，要活到老，学到老。

要遵守企业纪律

世界著名的英特尔公司把"注重纪律"列为公司六大价值观之一，表现出世界级大企业对纪律的极端重视。身为一名企业员工、团队成员，遵守纪律是一项最基本的要求，不可等闲视之。

许多人认为，迟到早退、随便请假、偶尔旷工等，只要不影响工作，其实没什么，他们对企业强调纪律的行为总会有一些不满。实际上，企业有纪律会让员工的工作更有效率，更能充分地调动员工的积极性，使其在单位时间内做好应该做的事情。

如果一个企业不讲纪律，松松垮垮，个人意志凌驾于集体利益之上，是打不了"硬仗"的，企业也做不大，走不长远。即使是自由职业者，你也必定会有一个短期或长期的工作规划，并按照规划去安排自己的生活起居和工作进程，为了防止懈怠，你甚至还会采取一些自戒性措施，这都是纪律，只不过这时候更多地体现出来的是自律能力。纪律是保证企业长久发展、保证团队健康成长、保证个人与集体步调一致的有利"武器"。

员工不仅受企业纪律、团队纪律的约束，同时还要自律。

（1）树立纪律意识，遵守规章制度。

首先，纪律是对组织的目标、核心价值观及文化特征的认同与身体力行。

"和气为贵，顾客至上"是世界著名的希尔顿饭店不变的经营理念。

一次，一位经理在解答顾客问题时态度生硬，与顾客争吵起来。希尔顿先生得知后，立刻解雇了这位经理。经理不服气，去找希尔顿先生理论，然而希尔顿先生严厉地说："你违反了饭店纪律——不与顾客顶撞、争吵，因此，即使你再有理由，再优秀，也不适合待在这里。"

违背企业的价值理念和经营政策，就是不遵守企业纪律的表现。上例中的经理的这种无视纪律的行为损害了公司的利益，也最终让他丢掉了"饭碗"。

对企业纪律的认同、坚定不移地践行企业的价值观是员工是否真正融入企业、真心为企业服务的标准。

其次，纪律是指遵守规章制度、规则和程序，遵守公共道德规范。

企业为了能够正常运转及发展壮大，往往会制定出一套适合自身实际发展的规章制度，它是企业成功与失败经验的高度总结，是对同行业成功与失败经验的有效借鉴，对于本企业员工适应特定的职场环境、顺利开展工作有很强的指导作用。

最后，纪律指服从命令，按上级的指令和要求完成工作任务。

遵守纪律、服从指挥是企业实现有序发展的基本前提。没有服从，就不能做到令行禁止；没有服从，企业就很容易成为一盘散沙，难有竞争力，也会随时危及员工自身的发展。

(2)纪律是外在强制与自我约束的统一。

美国西点军校非常注重对学员进行纪律培养。为保障纪律培养的实施，西点军校有一整套详细的规章制度和奖惩措施。纪律训练要经过长达一年的时间，以使纪律观念深深地根植于每个学员的大脑中。因此，几乎每个学员都培养出了强烈的自尊心、自信心和责任感，这些精神和品质让他们受益终生。

然而，现实中，很多企业不会有如此严格的纪律训练，纪律条文也仅限于出勤、岗位要求等方面，纪律内涵的自我约束意识也常为员工所忽视。

人对纪律的认识与遵从，其自身的主观意识起着决定性作用。写在纸上的纪律条文，只能作为一种外在的规范力量存在，人们只有在内心里不折不扣地愿意去执行这些条文，才能真正做到遵守纪律，纪律的效能也才会完全发挥出来。这就需要我们具备很强的自我约束能力和自我管理能力，以及正确对待纪律的态度。因此，我们要不断地加强自身的文化素养和道德修养，真正认识到纪律的重要性，将遵守纪律的行为变被动为主动。

(3)纪律在员工成长中具有无可替代的重要作用。

现今，许多人在职场中表现出对纪律的忽视。

小王是一名刚步入职场的实习会计，一天，他向主任请假，要去报名注册会计师考试，主任批准了。

小王上午10点便离开了公司。下午3点钟的时候，部门经理找小王要一份报表，主任说："他报名还没回来。"并立即拨通了小王的手机，而此时小王却已经在回家的路上了。经理大为不悦："上班时间，怎么可以这么随便呢？连朝九晚五都做不到，还能做什么重要的事情呢？"

后来，主任针对这件事情对小王进行了告诫和训导，使小王认识到了自己所犯错误的严重性，受到了很大的教育。

把遵守纪律从被动变为一种自觉，这是每一个职场人必须经历的过程，也是必须认真对待的事情。遵守纪律既是为了企业利益，也是为了员工自己的利益。在职场中，不遵守纪律的结果就只能是被纪律所"抛弃"。

遵守纪律能带给人们如下好处：

（1）纪律会帮助员工树立团体观念。

（2）纪律会提高员工的工作效率，使其事半功倍地完成工作任务。

（3）纪律会保证员工的职业安全，保证员工每日身心健康地履行职责。

（4）纪律会保证员工不犯或少犯错误，让员工知道什么事情该做、什么事情不该做。

（5）纪律会让员工赢得尊重与信任，获得更多职业发展的机会。

自动自发是进步的"阶梯"

积极的人不等待，而是自动自发地工作。

很多员工认为，他们之所以没有得到升迁或是领导的重视，是因为他们没有得到别人所拥有的机会，是因为没有人帮助他们。他们总说，好的位置已经被人"占"了，稍好一点的机会也被别人"捷足先登"了，所以他们只好在原地踏步。

初入职场的小杨在工作初期遇到了很多困难，但他告诉自己：面对问题时，要倾尽全力，除了努力以外，什么都不想。小杨经常主动向他人请教。他自动自发的精神，领导都看到眼里，同事也慢慢接纳了他。如今，他已成为一家大公司的王牌推销员。

小杨说："我也曾成天唉声叹气、愁眉不展，抱怨上天待我不公。

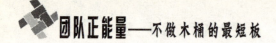

有一段时间，我甚至十分懒散，整天做着发财梦，但是'幸运'始终没有降临，我的幻想最终破灭了，我当时觉得前途一片黑暗。就在这个时候，我看到一本书，书上说：'天下没有不劳而获的事情，人生要靠自己主动去开创，你对人生付出多少，人生就给予你多少。'再加上看到周围同事都在努力奋斗，没有谁整天发牢骚，于是我开始振作起来。当我改变态度后，我感到自己整个人都变了，也发现生活中到处都有新的机会。我决定就从推销员干起，我相信自己有能力克服任何困难。从此，'信心与行动，自动自发'就成了我的人生信条。我主动帮助同事，同事也在我遇到问题时帮助我，我主动向领导请教，领导也积极向我传授经验，我的人际关系好转了，人脉也扩展了，工作也取得了大的发展。"

自动自发、积极进取的人，不会放过任何可能使自己成功的机会。他们不会等待运气"护送"自己走向成功，而是去努力争取更多成功的机会。他们可能会因为经验不足、判断失误而犯错，但是他们肯从错误中学习，慢慢地，他们就会走向成功。

自动自发、积极进取的人，不怨天尤人，他们会适时检讨自己，告诉自己再接再厉，掌握人生的主动权。即使遇到不顺，他们也抱着主动的精神和充分的信心，积极地去努力克服困难，即便遇到再大的阻力，他们也不退缩。由于他们从一开始就抱着不放弃的决心，所以任何困难都阻挡不了他们，即使失败了，他们也会直面问题，冷静思考，从头再来，继续努力地去实践。

培养自动自发的精神，需要做到以下几点：

(1) 遇到困难时，绝不放弃，坚持到底。

(2) 视困难为"纸老虎"，尽量用充满希望的、积极的语言鼓励自己，不要总说一些消极的话。

(3) 不要让情绪控制自己，尤其是不好的情绪。要用正面的积极的情绪引导自己，相信"我认为能，就做得到"。

(4) 做个主动的人。主动做事，不要等待他人给自己分配任务，尽量自己克服问题，而不是等待他人的援助。

(5) 克服恐惧心理，增强自信。很多人怕什么就不去做什么，这是不对的，其实，有些事只要你去做了，你的恐惧感很快就会消失。

(6) 时刻想到"现在"。"明天""下礼拜""将来""等等"之类的词在很多时候跟"永远不可能做到"意义相同，要从脑海中把这些词语去除掉，替换为"我现在就去做"。

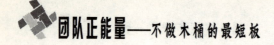

（7）态度要积极。不要固守现状，要敢于挑战自己，主动承担工作，向他人证明你有成功的能力与雄心。

在工作中，机遇不会无缘无故地降临，即使机遇来了，但如果你没有准备好，它也会很快就走开。所以，消极等待只是一种徒劳，只有自发自动、主动出击，才能为自己争取到更多的机遇，也才能使自己踏上成功的"阶梯"。

以知恩图报的心工作

如果让你说出生活中使你感动的事情，你可能会举出无数的例子，比如，在你迷路时，一个素不相识的人为你指明方向；在你痛苦时，朋友对你伸出援手；在你落魄时，家人伴你走过低谷……

感恩是一种良好的心态，也是一种可贵的精神。在工作中，同样需要知恩图报的感恩精神。当你以一种知恩图报的感恩心情工作时，你会工作得更愉快、更出色。

一位成功人士曾说："是感恩的心态改变了我的人生。当我清楚地意识到我没有资本，也无任何权利要求别人时，我就对周围的点滴关怀抱有强烈的感恩之情。我努力工作，竭力要回报他们；我努力工作，竭力要让他们快乐。结果，我不仅工作得更加愉快，所获帮助更

多，工作也更加出色。我很快获得了加薪升职的机会。"

工作是我们每个人赖以生存的基础。尽管每一个工作环境都无法尽善尽美，但在每一份工作中积累的宝贵经验和资源，如成功的喜悦、温暖的工作伙伴、值得感谢的客户，等等，都是我们的"财富"。团队取得成绩必须依靠团队中的每一个人，成绩是大家的，而不是某一个人的，所以要对团队心存感恩。

办公室职员小竹在谈到她被破例派往国外公司随同上司考察时说："我和上司虽然同样是研究生，但我们的待遇并不相同，他职高一级，薪金要高出很多。我没有因为待遇不如他就心生不满，我认真做事，努力学习公司业务。当许多人抱着多做多错、少做少错、不做不错的心态时，我尽心尽力地做好我手中的每一份工作，我甚至会积极主动地找事做，因为我在上班报到的前夕，父亲就告诫我三句话：'遇到一位好领导，要忠心耿耿地为他工作；如果第一份工作就有很好的薪水，那是你的运气好，要感恩惜福；万一薪水不理想，就要懂得跟在领导、同事身边学本事。'

"我将这三句话深深地记在心里，并始终秉持着这个原则做事。我的努力，上司都看在眼里。后来在挑选出国考察学习人员时，我是唯一一个资历浅、级别低的办事员。这在公司是极为少见的。"

人一旦做好准备，拥有积极的心态之后，不论做任何事，就都会心甘情愿、全力以赴，而当机会来临时更会及时把握，一鸣惊人。

带着感恩之心工作，你会获得更大的成功。要有一颗感恩的心，需要做到以下几点：

（1）热爱自己的工作，并全心全意地为工作创造效益，完成工作任务；同时注重提高效率，多为企业的发展规划建言献策。

（2）一切从大局出发。尤其是在遇到不公平待遇时，你也要正确理解，豁达处事。在企业面临暂时的经济困难时，要从大局出发，想办法帮助企业渡过难关。

拥有感恩的心，不仅对工作有益，对自己同样有益。你会发现，感恩是会传递的一种正能量，它使人更积极、更有活力。

拥有感恩的心，会使你的事业步步高升，会使你的人际关系更加融洽，会使你拥有更加辉煌的前景。

团队中，每个成员都应有感恩之心，使团队的正能量积聚在一起，促使整个团队积极向上，形成巨大的合心力和战斗力。

要有自己的"独门武器"

俗话说：技多不压身。拥有"独门武器"，不仅可以提高工作效率，为企业创造效益，还能大大提高员工自身的竞争力，使自己在职场中立于不败之地。

在当今社会，如果没有一门"特殊手艺"，恐怕只能流于平庸而无法成就卓越。当然，有的人在某一项技能上有天赋；有的人擅长交际沟通；有的人具有高超的组织能力；有的人具有超凡的逻辑判断能力；等等。每个人都有自己的特点和长处，如果都能尽可能地发挥自己所长，能掌握自己的"独门武器"，这样团队工作起来就会有很高的效率。

王旭东是一名电子科技大学毕业的高才生，他在软件设计上很有天分，英语水平也很高，大学期间就曾参与多项软件程序的设计，并且发表过多篇文章，后来他进入一家 IT 公司，还被公司任命为首席设计师。

之后的几年内，王旭东带领着他的设计团队不断开发新产品，他所在的公司在业内的影响力越来越大，逐渐发展为一家颇具规模的跨国企业，王旭东也由一名普通的软件设计师晋升为公司的运营总监。

王旭东正是因为拥有了自己的"独门武器"，才会取得如此大的成就。

那么，如何拥有自己的"独门武器"呢？

（1）树立自信心。

李白诗曰："天生我材必有用。"每个人都有自己的长处，不用攀比他人，也无须嫉妒他人，要找到找到自身价值所在，树立自信心。

树立自信心，找到自己的特长，发展自己的特长，使自己的特长得到充分的发掘，直至成为自己的"独门武器"。

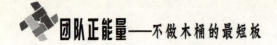

（2）时刻不忘"充电"。

当今社会发展很快，一个人如果不经常"充电"，就会与社会"脱节"，最终被社会"淘汰"。现代社会迫切需求的是复合型人才或有一技之长的人才，因此，不论学历高低、位置高低，都需要在各方面加强学习，提高自身的综合素质。

小张是某大学毕业生，毕业后进入一家传媒公司成为一名记者。这份工作不仅要求能吃苦受累，而且必须具备一定的文字功底和口头表达能力。小张在这几方面的表现都不错，很快在公司站稳了脚跟。

后来，该传媒公司的规模扩大，设立的各地记者站增多，而下属记者站的记者往往同时需要扮演司机的角色。小张了解到这一信息后，利用业余时间报了驾校，考取了驾照。

几年之后，小张通过竞聘成了某地下属记者站的站长。有人问他成功的原因，他笑着说："这个记者站需要有驾照的人！"

（3）向优秀的同事学习。

每个人都有长处，多向优秀的同事学习，可以取长补短，完善自身。

　　"独门武器"在工作中有很重要的作用。"独门武器"不仅仅包括一技之长，像细心、耐心、肯钻研等品质其实都可以称得上是一个人的长处。所以，要学会发掘出自己与众不同的优势，培养自己的特殊才能。

压力不可怕，竞争促人奋进

在现代社会，工作压力越来越大，许多职场人时常会感到疲劳，睡眠不好，有时还会出现心悸、盗汗以及健忘等症状，严重的可能还会猝死。所以，学会减轻压力，学会"拐弯"，学会平衡心态，是职场人需要学习的另一种技能，也是团队高效执行的前提条件。

小刘在一家外资电子公司从事电子商务工作，在订单旺季时，公司经常需要加班加点。小刘是个初入职场的新人，十分珍惜这份工作，工作起来常常夜以继日，几乎每周都要加 20 小时以上的班。

在高强度的工作下，小刘的压力越来越大。后来，小刘觉得头疼，浑身不舒服，做事精力不集中，最后终于倒下了。他被医生告知要在家静养，尽量不要从事高强度的工作。之后小刘被公司调离了原岗位。

压力是每个职场人都有的。很多人人体虽未发病，但身体或器官已经处于隐患状态，如果稍不注意，就会引发各种疾病，处于亚健康状态。而一个人如果长期处于亚健康状态，势必影响其工作效率，对团队发展和自己的职场之路形成阻碍。

那么，要如何看待竞争，如何面对压力呢？

首先，要树立正确的观念。

要把竞争和压力看作是工作和生活中不可避免的一部分，做好正确对待竞争及抗压的心理准备。在竞争和压力面前，不要惊慌失措，要静下心来，审时度势，理顺思绪，在困境中找出解决的方法，对压力做"减法"，缓解竞争压力。

其次，要建立切实可行的职业目标。

切忌由于自我期望过高而使目标无法实现，导致心理压力剧增，造成心态失衡。

最后，要区分恶性竞争及良性竞争，对压力进行分析，弄清楚哪些是工作导致的，哪些是自己产生的。将压力一分为二，该放弃的放弃，该面对的面对。

人的身心健康是基础。身心健康是指人精神焕发、起居正常，不

仅能够让自己的生活、工作处于良性循环，而且能够使自己更具竞争力，更有耐压力，并向更高的目标发起挑战。

陈雷是一名体育大学的毕业生，他一直非常注重自己的心态健康状况。大学毕业后，他进入一家体育推广公司从事健身器材的市场推广工作，工作的繁忙并没有使他放松对心态的重视。他总是说："如果没有一个好心态，你推广的健身器材又有谁会接受呢?"许多商家、顾客都夸赞他热情、耐心、心态好。正是凭借其健康阳光的形象，陈雷屡创佳绩。如今，他已经成为这家体育推广公司的市场部经理，向更高的销售目标发起挑战。

人在各种职场竞争和压力面前，如果不能有效疏导，这种压力就会愈加突出，人对社会的适应能力就会降低，对个人的生活、工作都会产生十分不利的影响。

因此，无论什么人，无论从事什么工作，都要拥有健康的心态，学会张弛有度，劳逸结合，努力在健康与工作之间找到平衡点。

竞争对手在工作中很常见，很多人讨厌竞争对手，认为竞争对手的出现给自己带来的压力和阻力都很大，特别是有些竞争对手还会制造矛盾加大自己的工作量，挑战自己的耐压程度。

其实，有人就会有竞争，竞争是不可避免的。真正有团队精神的人，会感谢竞争对手时时施加的压力。正是这些压力，让他们有了想方设法战胜困难的动力，进而在激烈的竞争中，让他们始终保持着一种危机感。

在某大城市，许多电器经销商都在明争暗斗，进行激烈的市场较量，在彼此付出了很大的代价后，张、李两大经销商脱颖而出，成为最强劲的竞争对手。

有一年，张总为了增强市场竞争力，采取了极度扩张的经营策略，大量收购、兼并一些小企业，并在各市县发展连锁店，但由于实际操作中有失误，造成信贷资金比例过大，经营包袱过重，其市场销售业绩直线下降。

此时，许多人纷纷提醒李总，说这是主动出击、一举击败对手，进而独占该市电器市场的最好时机。

李总却微微一笑，始终没有采纳众人的建议，而且还在张总最困难的时刻，出人意料地主动伸出援手，拆借资金帮助张总渡过难关。后来，张总的经营状况日趋好转，还一直给李总的经营施加压力。很多人都嘲笑李总心慈手软，说他是"养虎为患"。可李总丝毫没有后

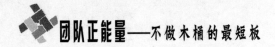

悔，只是殚精竭虑地四处招纳人才，并以多种方式调动下属拼搏进取，一刻也不敢懈怠。

就这样，李总和张总在激烈的市场竞争中，既是朋友又是对手，彼此绞尽脑汁地较量，双方各有损失，但各自的收获却同样很大。多年后，李总和张总都成了当地赫赫有名的商业巨子。

没有压力，人的潜能就会逐渐退步，动力也会慢慢消减。最终，人会变得事业消沉，生活散漫，人生越来越暗淡。

"让对手使自己更加强大"，实践证明是可行的。

一位动物学家在考察生活于非洲奥兰治河两岸的动物时，注意到河东岸和河西岸的羚羊大不一样，前者的繁殖能力比后者强，而且奔跑的速度每分钟要快 13 米。

动物学家感到十分奇怪，既然环境和食物都相同，何以差别如此之大？为了解开其中之谜，动物学家和当地的动物保护协会进行了一项实验：在两岸分别捉 10 只羚羊送到对岸生活。结果送到西岸的羚羊发展到 14 只，而送到东岸的羚羊只剩下 3 只，另外 7 只都被狼吃掉了。

谜底终于被揭开，原来东岸的羚羊之所以身强体健，是因为它们附近有一个狼群，这使羚羊天天处于"竞争氛围"中，为了生存下去，它们变得越来越有"战斗力"。而西岸的羚羊长得弱不禁风，恰恰是缺少天敌、没有生存压力的原因。

在工作中，要正确对待竞争对手，为自己找一个竞争对手随时"盯住"自己，使自己不至于因散漫而消沉，使自己时刻保持警惕性、危机感，从而促使自己更加敬业地工作，为团队、为企业创造效益。

常反省，常总结

"吃一堑，长一智"，反省和总结是人避免犯相同错误或少犯错误的有效方式，也是团队成员要经常做的事。只有善于反省和总结，才能有效避免问题、及时发现问题、顺利解决问题。

善于反省和总结的人，会总结得失，总结遇到的各种问题，并对没有产生的问题，事先打"预防针"，让发热的头脑"降温"。一个人养成爱反省、常总结的好习惯，有助于锻炼自己的逻辑思维能力，从而扬长避短，少走"弯路"。严格地讲，善于反省和总结是一种快速发现问题、解决问题的好方式。

小明作为一名大型钢企的业务员，曾经因为自己的错误判断给公司造成三百多万元的损失。但是令小明感动的是，团队没有追究他的责任，反而鼓励他要从错误中吸取教训，学会事事总结，从中积累不再犯错的经验。

之前，小明没有总结市场的习惯，对自己下的决定也不进行反思，听了团队领导的话后，他决心每天、每周进行总结。之后，小明每天记录自己的工作过程，对自己所下的决定进行反省，还画出价格波动图寻找钢铁市场的规律。为了规避市场风险，他向许多同事请教，后来还把研究总结的范围扩大至其他方面，形成一个全方位的总结图。

之后的几年，钢铁市场尽管波动很大，但养成总结习惯的小明没有再做过一笔赔本买卖。他笑着说："是不断地总结帮了我的忙，另外，我还要感谢团队，没有他们，我也成功不了！"现如今，小明已经是该钢铁公司的销售团队的领导，他经常对下属讲要学会反省、总结自己的工作。

"取人之长，补己之短"也是一种学习方式。每个人都有自己的长处和短处，为有效避免犯错误，要学会反省及总结。善于反省及总结的人，能从反省及总结中发现适用于自己的方式、方法。"他山之石，可以攻玉"说的就是这个道理，即用他人的长处弥补自己的短处。

　　张鹏是某高科技公司的软件工程师。他的成功来自于他善于自省、总结以及借鉴他人的经验和教训。十年前，张鹏大学毕业后从事软件设计工作。虽然他学的是电子专业，但是课本里的东西远远不能满足软件编程工作的需要。于是，他拜了同一团队的王强做师傅。

　　在当徒弟的几年中，张鹏谦虚谨慎，并且时常总结软件编程中遇到的问题。当师傅传授给他一个新经验时，他都会用笔记录下来。几年下来，张鹏不但掌握了软件编程的技巧，而且还记了数本经验总结笔记。

　　之后，张鹏来到了另外一家有名的科技公司，此时他已经考取了高级程序员证书，是一名有经验的程序编写员了。

　　在新公司里，他做的第一件事就是研究公司开发的每一个成熟的技术软件。他认为，好的软件是公司的劳动成果和结晶，自然包含了成功的经验。平日，他除了认真向"高手"学习外，还不断总结，力求发现新问题。对于发现的问题，他都会进行检验、证明。渐渐地，张鹏成为了一名资深软件工程师，其沉稳老练的工作作风屡屡受到领导的表扬。

　　善于反省及总结是一种提高个人能力的快速且直接的方法。善于反省及总结的人，能审时度势，跟得上时代的发展。善于反省及总结的人，能找出新经验、新规律，然后将其运用到改进自己的工作中，从而保持高效的执行力。

善于自省及总结还是一种鞭策、一种习惯。一个人只有善于反省及总结，才能少犯错误或不犯错误，才能在职场的道路上走得顺利，使个人前程得到大的发展！

创新精神不可少

创新能力与其他能力一样，可以通过学习、训练激发出来并在实践中得到不断提高。人人都能创新。

一个人若想改变当前的境遇，就必须不断创新。只有锐意创新，成功才会降临。

你是否毕业多年还是人微言轻的底层员工？你是否想过改变现状？也许你曾经想过，但是苦于找不到出路，那么，改变思维吧，看看创新能否改变你的现状。只要勇于创新，在重复、枯燥的工作中发现新的方法、新的创意、新的竞争点，成功迟早会降临到你的身上。相反，如果你一直墨守成规，在原地踏步，那么就永远也不可能成功。

我们先来看一个案例：

日本有一家科技公司，有一段时间，公司上层发现员工一个个萎靡不振，面带"菜色"。经多方了解后，上层知道员工压力较大，于是采取了一个简单而别致的减压方法——在公司后院中用圆润光滑的小石子铺成一条石子小道，每天上午和下午分别抽出 15 分钟时间，让员工脱掉鞋在石子小道上随意行走。起初，员工们觉得很好笑，也有一些人觉得赤足很难为情，但时间一久，员工们便发现了它的好处，原来这是极具医学原理的物理减压法，通过行走起到了按摩的作用，他们的精神也放松了。

好创意本身就是财富。

一个年轻人看了报道，有了新的思路。他选取了一种略带弹性的塑胶垫，将其截成长方形，然后将老家的小河滩上光洁漂亮的小石子铺在上面。小石子经过打磨，切成大小等同的样子，然后将光滑面一粒粒稀疏有致地粘在塑胶垫上；干透后，他先上去反复试验感觉，修改了几次后，确定了样品，然后就在家乡因地制宜，开始批量生产。后来，他又把它们确定为好几种规格。产品一生产出来，他便尽快将产品鉴定书等手续一应办齐，然后在一周之内给能代销的商店全部上

了货。将产品送进商店只是完成了销售工作的一半，另一半则是要把这些产品送到顾客眼前。随后的半个月，他每天都派人去做免费推介。商店的代销稳定后，他又开拓了一项上门服务：为大型公司在后院中铺设石子小道；为幼儿园、小学在操场边铺设石子乐园；为家庭装铺室内石子过道、石子浴室地板、石子健身阳台等。一块块本不起眼的地方，一经装饰便成了一个个小小的减压区、游乐区。几年后，他又将单一的石子变换为多种多样的材料，如七彩的塑料、珍贵的玉石等，满足不同人士的需求。

小石子减压法就此铺就了"赚钱之路"。

创新就是在已有的知识经验上，努力探索尚未被认识的事物、规律，从而为实践活动开辟新的领域，打开新的局面。没有创新能力，没有勇于探索的精神，人们只能停留在原有水平上，其所从事的事业也会陷入停滞甚至倒退的状态。

创新不是科学家、发明家的专利，人人均可创新。所以，人需要做的就是不断培养并激发自己的创新能力，多一些创新思路，多一些创新实践，从而走向成功。

人容易懈怠，因为进取、创新要花费精力、智力、时间。懈怠是进取、创新的"天敌"，工作中懈怠，要么不进则退，要么问题连连。

进取、创新，是在工作中不断地发展自己，丰富自己的阅历，努力获取新的知识，思考新的问题，换句话说，就是不能满足于现状，要不断挑战自己，不断超越自己，不断给自己树立新的目标。

进取、创新是人的一种极为可贵的美德，它能让我们在工作中化被动为主动。

张花先后当过工人、车间调度师、总公司办公室收发兼档案管理员，这些工作都"含金量"不高，但张花每干一样，都尽心尽力、任劳任怨。

近年来，企业不景气，要进行机构改革与调整，张花意识到自己年龄大、学历低，又无专长，下岗时刻威胁着自己。但是她没有懈怠，而是积极进取，决心在短期内掌握一技之长。

之后，张花在业余时间学打字，这对40多岁的她来说很不容易。经过大半年的刻苦学习，她的录入速度提高到每分钟50个字，而且准确率相当高，几乎可以免除校对了。一次，办公室打字员病了，领导急需打印文件，张花接过来，很快打了出来，同时还进行了校对。领导看到后大为赞赏。

张花还利用空闲时间苦练电脑排版技术，自创新颖的版式，令人赞不绝口。

不久，张花被聘为办公室打字员，而那位比她年轻10多岁的打字员因速度、效率、创新均不及张花，无可奈何地下了岗。

拿破仑·希尔认为："进取、创新是一个成功人士必须具备的品质。当一个人失去进取、创新时，他周围的一切都将失去光芒。"

一次，一家贮藏水果的冷冻厂起火，等到人们把大火扑灭后，才发现有18箱香蕉被火烤得有点发黄，皮上都是小黑点。水果店老板把香蕉交到鲍洛奇的手中，让他降价出售。那时，鲍洛奇的水果摊设在杜鲁茨城最繁华的街道上。

一开始，无论鲍洛奇怎样解释，都没人理会这些"丑陋的家伙"。无奈之下，鲍洛奇仔细地检查那些变色香蕉，发现它们不但一点都没有变质，而且由于烟熏火烤，吃起来反而别有风味。鲍洛奇想到这些香蕉来自阿根廷，于是，一个主意产生了。

第二天，鲍洛奇一大早便开始叫卖："最新进口的阿根廷香蕉，南美风味，全城独此一家，大家快来买呀！"当摊前围拢的一大堆人都举棋不定时，鲍洛奇注意到一位年轻的小姐有点心动了。他立刻将一只剥了皮的香蕉递到她手上，说："小姐，请你尝尝，我敢保证，你从来没有吃过这样美味的香蕉。"年轻的小姐一尝，香蕉的风味果然独特，价钱也不贵，就买了一些。鲍洛奇一边卖一边不停地说："只有这几箱了。"于是，人们纷纷购买，18箱香蕉很快销售一空。

鲍洛奇用他的聪明头脑向人们演绎了一出精彩的"创意推销剧"，"丑陋"的香蕉在他的手里瞬间成为具有南美风味的"奇物"，根本原因就在于他善于从困难中寻找突破口，并且积极地将自己的创意运用到工作中。

所以，作为一名员工，要在工作中克服懈怠的毛病，积极进取，开动脑筋，大力创新，争取成为企业中不可替代之人，而在进取、创新的过程中，你会惊喜地发现，你得到的收获绝对比在原地踏步多得多。

管理好自己的时间

很多企业从来没有接触过时间管理，也没有应用过时间管理，不了解时间管理对企业的重要性。

什么是时间管理？

时间管理就是利用技巧、技术和工具，更有效地运用时间来帮助人们完成工作，实现目标。

时间管理的目的除了决定自己应该做什么事情之外，还有决定什么事情不应该做。

时间管理不是完全的掌控，而是为了降低变动性，其最重要的功能是通过事先的规划，做出提醒和引导。

重视时间管理并付诸实施，坚持效率第一，会为企业和员工个人带来新的突破与发展。

要做好时间管理，可以从如下几个方面入手：

（1）记录下自己的时间分配情况。

想要有效地管理自己的时间，真正做到卓有成效，就应先了解自己的时间是怎么使用的。分析自己的时间分配情况，也是系统地分析工作、鉴别工作重要性的一种方法。

记录时间分配情况的重要形式有待办单、日计划、周计划、月计划等。

① 待办单。

将每日要做的工作事先列出一份清单，排出优先顺序，确定完成时间，以突出工作重点，也可以避免遗忘或将未完事项留待第二日。

② 待办单主要包括的内容：

非日常工作。

特殊事项。

行动计划中的工作。

前一日未完成的事项。

③ 使用待办单时的注意事项：

在每天的固定时间制定待办单。

只制定一张待办单。

每完成一项工作就划掉对应项。

要为应付紧急情况留出时间。

每天坚持。

④ 可以根据自己的情况，制订日计划、周计划、月计划。

（2）划分工作时区。

人应该学会将一天的时间分成几块用来处理某些固定的事情，以免被其他事情打扰。比如，在特定的时间段阅读和回复电子邮件，在特定的时间段处理文件、答复客户的要求、打重要的电话，等等。这样安排可以帮助人更快更高效地完成工作。

（3）要能够很快地找到自己需要的东西。

有关机构对美国 200 家大公司的职员做调查研究时发现，公司职员每年都有六周的时间浪费在寻找乱放的东西上面。这意味着，他们每年要损失 10% 的时间。对此，最好的解决方法是：不用的东西扔掉，有用的东西分门别类，妥当保管。

（4）工作最好一次性完成，不可时断时续。

研究发现，令员工浪费时间最多的是时断时续的工作方式。因为人在重新工作时，需要花较长时间调整大脑活动及注意力，这样才能从停顿的地方接着做下去。所以，工作最好一次性完成，不要时断时续。

（5）事前有准备。

延误是最浪费时间的，避免这种情况出现的唯一办法是预先安排工作。做到事前有准备，才能使时间得到最大化的利用。

（6）不要拖拖拉拉。

有些人总是花许多时间思考要做的事，担心这个担心那个，找借口推迟行动，又为没有完成任务而悔恨。其实，如果不是因为拖拖拉拉，他也许早已完成任务而且转入下一项任务了。

（7）有策略地安排开会的时间。

要有策略地安排开会的时间，迅速切入正题，不要拖延。

(8)改进工作方法。

在处理一些复杂的事情时，要多动脑子，改进工作方法，减少处理事情的时间，提高工作效率。

(9)充分利用"零碎时间"。

在实际工作中，你会发现有很多没有工作任务的"零碎时间"，这些时间累积起来会很可观。要学会利用这些时间片段，这样，在相同的时间内，你所做的事情可能就会比别人多很多。

(10)注重劳逸结合。

计划不要排得特别满，要安排适当的休息时间，也要留有一些余地，以便灵活安排，因为一项工作到底要花费多少时间你不一定能准确计算出来。适当的休息有助于提高工作效率，减少工作中的差错和失误。

在时间管理方面，要注意时间管理原则。时间管理原则也称SMART 原则，具体如下：

(1)S(Specific)原则：明确性。

所谓明确性就是要具体、清楚地说明想要达到的行为标准，而不是用抽象笼统的语言和内容加以说明。明确的目标是成功的团队所一致具有的特点。很多团队不成功的重要原因就是其目标模棱两可，或是没有将目标有效地传达给相关成员。

比如"增强客户意识"，这个表达对目标的描述就很不明确，因为增强客户意识有许多具体做法：减少客户投诉、提升服务质量、规范礼貌用语、采用规范的服务流程，等等。有这么多增强客户意识的做法，而你所要达到的到底指的是哪一个？

目标不明确就没有办法去评判与衡量。

比如"为所有的老员工安排进一步的管理培训"，"进一步"就是一个很不明确的概念。到底这个"进一步"指什么？是不是只要安排了这个培训，不管谁讲，也不管效果好坏都叫"进一步"？如果将其改进一下，表述为："在什么时间完成对所有老员工关于某个主题的培训，并且在这个课程结束后，员工的工作效率能够得到提高，如果没有提高甚至有所下降就认为效果不理想。"这样目标就变得明确起来。这样的计划也才称得上是明确的、具体的，能够让员工一目了然地付诸行动。

（2）M（Measurable）原则：衡量性。

衡量性是指应该有一组明确的数据，作为衡量目标是否达到的依据。如果制定的目标没有办法衡量，就无法判断这个目标是否实现。目标设置要有项目、衡量标准、达成措施、完成期限以及资源要求，使考核人能够清晰地看到部门或科室要做哪些事情，需要完成到什么程度。衡量标准要遵循"能量化的量化，不能量化的质化"原则，使制订人与考核人有一个统一的、标准的、清晰的、可度量的"标尺"，杜绝使用概念模糊的描述。

（3）A（Achievable）原则：可实现性。

管理者要坚持员工参与、"上下左右"沟通，使拟定的工作目标在组织及个人之间达成一致，既使工作内容"饱满"，又使工作目标具有可达性。可以制定"跳起来摘桃"的目标，但不能制定"跳起来摘星星"的目标，这就是目标的可实现性原则。

（4）R（Relevant）原则：相关性。

部门的工作目标是要得到各位成员的通力配合，让每位成员都参与到目标的制定中去，使个人目标与组织目标达成一致。目标一致要求既要有部门由上到下的工作目标任务，也要有员工自下而上的主动参与。

工作目标的设定要和岗位职责相关联，不能偏离主题。

(5)T(Time – based)原则：时限性。

目标是有时间限制的。例如"我将在5月31日之前完成某事"，"5月31日"就是一个确定的时间限制。没有时间限制的目标没有办法考核，也可能带来考核的不公。

目标设置要有时间限制，要根据工作任务的轻重、事情的缓急，拟订完成目标项目的时间；管理者要定期检查项目的完成进度，及时掌握项目的进展变化情况，以便对下属进行及时的工作指导，并根据变化情况及时地调整工作计划。

无论是制定团队的工作目标，还是制定员工的绩效目标，在时间管理上都必须符合上述五项原则，缺一不可。

勤学习，多思考，跟上团队的发展脚步

随着知识更新速度的加快、就业竞争的日趋激烈，人们赖以生存的知识、技能也会随着时间的流逝而不断地"折旧"。美国国家研究委员会的一项调查发现：半数以上的劳动技能在短短的 3 ~ 5 年内就会因为跟不上时代的发展而变得无用，而以前这种技能"折旧"的期限则长达 7 ~ 14 年。

在现代社会，职业的"半衰期"越来越短，员工若不继续学习，就会跟不上行业的发展。团队成员若不继续学习，也会跟不上团队的发展步伐。

因此，企业为了生存，为了赢利，要求员工在工作中跟上企业的发展脚步，"勤换思维"；如果员工跟不上企业、团队发展的步伐，

"不换思维"，企业、团队就难以发展。

在工作中，主动"转换思维"去适应发展的人是企业、团队最需要的人。面对知识"折旧"越来越快、信息量日趋膨胀的现代社会，一名员工如果不知学习，不去更新自己的知识结构，不能及时转变自己的思维观念，很快就会被企业、团队所"抛弃"，被社会所"淘汰"。

人作为高级动物，最大的特点和优势就是会学习。美国著名企业家艾柯卡之所以能够成功，就在于他时刻铭记刚参加工作时分公司经理对他说的话："你要记住，马更有力气，狗更忠诚。你作为人类的唯一长处就是你有一个智慧的头脑，这是你唯一能超越它们的地方。"

某白酒厂员工铁亮擅长动脑筋解决问题，公司根据他的这个特点派他去推销库存的白酒。铁亮望着库房中堆积成山的成品酒，心中盘算：这是百年酒厂，素以质量取胜，而今大量滞销，是因为产品已不适销，特别是主要市场——郊区（县）消费水平正在不断提高，人们饮酒的品位发生了变化，但其他一些较偏僻地区的白酒市场却有待开发。于是，铁亮果断地带上 10 箱白酒，北上东北等地。铁亮每到一地，就会在打通主批发渠道后，将带来的酒瓶商标送给各小饭馆、旅店、零售店做张贴画。接着，他又跑到各商店里，在人家的烟酒柜台上摆放一些美观的玻璃容器，然后往里面注满甘洌的白酒，顿时酒香满堂。许多消费者十分好奇，争相购买，于是各销售网点纷纷向批发商进货，白酒一时供不应求。公司领导很快了解到这些情况，立即任命铁亮为东北等地的销售经理，负责该地区的白酒销售。

上述案例说明：善于转变观念才能跟上企业发展的脚步。很多时候，只有转换思维，才能做出让同事佩服、让领导赏识的事，从而脱颖而出，获得更多职业发展的机会。

在古罗马时代，一位有名的预言家在一座城市的广场上设下了一个奇特难解的结，并且预言，解开这个结的人将来必定是亚细亚的统治者。人们都非常相信预言家的话，但是，此后很长的一段时间内，有许许多多的人来尝试解开这个结，却都没有成功。

当时身为马其顿将军的亚历山大也听说了有关这个结的预言，他率领士兵进驻到这个城市后，独自一人骑着马来到这个广场，他想尽办法试图解开这个结，可是一次又一次，他都失败了，这令他有些恼火。

几个月过去了，亚历山大认为自己已经做好了充分的准备。他又一次来到这个广场，用他考虑了很长时间的那些方法去解那个结，可是他还是失败了。亚历山大久经沙场，战无不胜，想不到却被这一个小小的结给难住了，他气愤至极，恨恨地说："我再也不要看到这个结了！"

说罢，他抽出佩剑，将那个结砍成了两半——结终于被打开了。不久，亚历山大统治了整个亚细亚。

亚历山大挥剑砍断"罗马结"的例子给了我们这样一个启示：解决问题的关键不在于问题本身，而在于人有没有首先解开自己心中的"结"，即对待问题，观念要更新，思维要灵活。

张刚在一家广告公司做文案策划。一次，一个著名的洗衣粉制造商委托张刚所在的公司做广告宣传，负责这个广告宣传的好几位文案创意人员拿出的策划案都不能令制造商满意。经理只好让张刚把手中的事先搁置几天，专心完成这个创意文案。

接连几天，张刚在办公室里抚弄着一整袋的洗衣粉想："这个产品前几代在市场上就已经非常畅销了，以前的许多广告词也非常富有创意。那么，我该如何重新找到一个点，作出既与众不同又令人满意的广告创意呢？"

一天，张刚在苦思之余，把手中的洗衣粉袋放在办公桌上，又翻来覆去地看了几遍。他又找了一张报纸铺在桌面上，撕开洗衣粉袋，倒了一些洗衣粉出来，一边用手揉搓着这些粉末，一边轻轻嗅着它的味道，寻找灵感。

突然，在射进办公室的阳光下，张刚发现洗衣粉的粉末间有一些特别微小的蓝色晶体。他仔细观察一番后，证实的确不是自己看花了眼。他立刻起身，亲自跑到制造商那儿问这是什么东西，得知这些蓝色晶体是"活力去污因子"，正因为有了它们，这一次新推出的洗衣粉才具有了超强洁白的效果。

了解到这一情况后，张刚便从这一点入手，写下了自认为最好的创意文案，广告推出后，果然大获成功。

有句很有哲理的话是这样说的："与其诅咒黑暗，不如点起一支蜡烛。"这里的"蜡烛"其实指的就是转换思路，找到更好的解决方法。诅咒和抱怨，什么也改变不了，不去做更是改变不了局面，而逃避和夸大则会增大问题解决的难度。

"此路不通"就换条路，"这个方法不行"就换种思维方式，这应该成为每一个员工的工作理念。

某地由于一些工厂排放污水，很多河流污染严重，以至于下游居民的正常生活受到了威胁，环保部门每天都要接待数十位满腹牢骚的居民。环保部门联合有关部门决定寻找解决问题的办法。

他们考虑对排放污水的工厂进行罚款，但罚款之后污水仍会排到河里，不能从根本上解决问题。这条路，行不通。

有人建议立法强令排放污水的工厂在厂内设置污水处理设备，本以为这样做问题就可以彻底解决了，却在法令颁布之后发现污水仍不断地排到河里。而且，有些工厂为了"掩人耳目"，对排污"乔装打扮"，从外面看不出有什么破绽，可污水却一刻不停地在流。这条路，仍行不通。

后来，有关部门转变方法，在工厂的水源处设立输入口。看起来这很匪夷所思，但事实证明这确实是个好方法，它能够有效地促使排污工厂进行自律：假如自己排出的是污水，输入的也将是污水。这样一来，那些工厂能不采取措施净化输出的污水吗？

善于变换思路和方法的员工，往往不会"固守"一种思路，也不会"迷信"一种方法，他们会审时度势，拿出不同的应对方案，争取利大于弊的最好局面。

下篇

团队凝聚正能量

不做"孤独英雄"

在专业化分工越来越细、竞争日益激烈的今天，靠一个人的力量是无法高效地完成工作的。毕竟，一个人的力量是有限的，众人凝聚产生的合力远远大于一个人的力量。

团队合作是工作中最常见的方式，即由不同的人按照各自的分工共同完成一件事情。团队合作通常能将执行的效率发挥到最大化，产生"1 + 1 > 2"的效果。

关于团队精神，微软公司是这样理解的：

（1）一群人同心协力，集合大家的"脑力"，共同创造一项智能财产，其产生的群体智慧将远远高于个人智慧。

（2）个人的创造力源自于潜在的人类心智潜能。团队的合力就在于发掘出所有人的潜能。

（3）一群人全心全意地贡献自己的创造力，彼此鼓舞，彼此响应。

（4）在复杂的情况下，领导更像是人际互动的交响乐指挥，辅助并疏导各种微妙的人际沟通。

（5）当团队中的沟通和互动正确而健康时，这一群人的力量会产生"相加相乘"的效果。

一名合格的员工不仅要具备过硬的专业技术，更要具有团队合作精神，不做"孤独英雄"，否则他将会在现代企业里难以立足。

王炯在一家公司做了多年电子商务工作，他一直都很郁闷，因为无论是能力还是资历他都高人一筹，业绩也一直十分稳定，但是他就是无法得到职位上的升迁。他更不明白的是，为什么那些能力不如他的人能得到晋升，有的甚至成了他的上司。问题到底出在哪里呢？

其实，造成这种状况的一个很重要的原因是：王炯不喜欢与人合作。他平日总是埋头于自己的工作，不喜欢和大家沟通交流。有同事需要他的协助时，他不是找借口拒绝就是很不情愿地参与。渐渐地，王炯显得越发冷漠清高，令人难以接近。因此，他无法得到同事、领导的信任与支持，更别提晋升了。

作为团队中的一分子，如果不主动融入团体之中，总是独来独往，必定会陷入自我的"圈子"里，无法得到同事间的友情与尊重，企业自然也不会重用这样的缺乏团队意识的人。

团队意识不仅是工作需要，也是一种美德。培养团队意识，树立团队精神，不仅可以提高工作效率，还能利用团队弥补个人能力的不足，达到个人与团队的共同促进、共同发展。

在团队合作中，遇到难题时，主动求助于他人，不但省时省力，能提高工作效率，同时还能将他人的经验、他人处理问题的思维与方法学到手，经过实践的锻炼将之转化为自己的"财富"，这个过程既是学习的过程，也是积累与提高的过程。通过这个过程，可以达到在合作中不断提高自己的工作能力与效率的目的。

团队合作能有效弥补个人的不足。有的人擅交际，有的人擅技术，有的人擅管理，将这些人放在一个团队中，大家可以互相取长补短，共同把工作做到位。因此，树立团队精神，做好有效沟通，个人与团队荣辱与共，就能实现个人与团队的共同进步。

团队合作还可增加个人魅力。团队容易成功，作为团队中的一员，也能随着团队的成功而成功。当一个人的影响力在团队中越来越大时，其个人魅力值也会越来越高。

在当今团队制胜的时代，一个人只有把自己融入团队之中，不做"孤独英雄"，才能最大程度地实现个人的价值。

团结合作，以大局为重

一名优秀的员工，应该一切以大局为重，不仅要做到独善其身，更要善于团结身边的每一个人，做一个受集体欢迎的和谐分子。

在工作中离不开他人的支持，团队是人们互相合作的平台。许多职场高手在团队中扬长避短，发挥自己所长，不仅拓展了人际关系，而且拓宽了业务，提高了工作效率，为自己的成功铺平了道路。

在工作中，互相合作，互相支持，不仅能快速高效地完成任务，而且能提高个人的魅力，获得更多的机会。所以，团结合作是工作中的必修课。

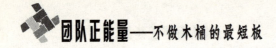

（1）你信任他人，他人才会对你忠实。——爱默生

人在职场，"信任"的威力是巨大的。信任是一种动力，赋予他人信任不仅是对他人能力的肯定，也是对他人人格上的尊重。

领导要想让自己的员工为企业更好地服务，最好的方式就是取得员工的信任。员工信任自己的领导，他工作起来就会全力以赴。人与人之间的关系，无论是在生活上还是在工作上，都是建立在相互信任的基础之上的，信任能够为人架起成功的"阶梯"。

（2）信任多数人，不伤害任何人，爱所有人。——莎士比亚

团结能够团结的人，对他人尽量包容，这是拉近人与人之间的距离、消除隔阂的最好方法。

一个团队必须做到目标一致，行动一致，步调一致，不树敌，不伤害他人，互相信任。

（3）鼓励自己的最好办法，就是鼓励别人。——马克·吐温

要懂得欣赏你周围的人，即使是那些对你怀有敌意的人。每个人都有自己的优点，所谓"三人行，必有我师"。多学习他人的优点，就可以弥补自己的不足。因此，要学会欣赏，学会赞美，在很多情况

下，一句鼓励的话也许就可以使紧张的关系迅速缓和下来。

鼓励是最好的赞美，鼓励意味着一个人对另一个人的关爱和肯定。鼓励能够产生比"信任""真诚"更直接的力量。鼓励他人也可以成就自己，帮助自己在团队中找到属于自己的位置。

"谢谢"常挂嘴边，"机会"就会站在你身边

在团队中，基本的礼貌不可缺少。得到他人帮助或者受人恩惠时，"谢谢"两字要常挂在嘴边，这两个简单的字能给人留下谦虚懂礼的好印象，提升个人魅力，增强自己的亲和力，为自己赢得更多的机会。

（1）"谢谢"声中有先机。

某著名连锁酒店在一所旅游学校举行了一次大型招聘活动，一名来自湖南的女孩有幸应聘成功，进入该酒店从事管理工作。

女孩名叫张珊，大学期间学的是酒店管理。进入职场之前，她自报学习班学习了几个月的礼仪。她深刻地记得老师对学员们的嘱托："保持微笑，对客人对同事常说'谢谢'！"

踏上工作岗位后，张珊的工作是负责酒店卫生的检查和监督管理，所以她时常和酒店清洁员打交道。由于酒店清洁工作十分烦琐，也十分累人，所以一天下来，清洁员们常常疲惫不堪、牢骚满腹。张珊认为，作为一个管理者，不应高高在上，而应该拉近与清洁员们之间的距离，给予他们更多的理解和鼓励。所以每当工作结束的时候，她都会向清洁员亲切地说一声"谢谢"。简简单单的两个字温暖了清洁员们的心。清洁员们常说："张珊这女孩不错，年底选先进，我要投她一票！"

年底评选，张珊果然被评为"先进员工"，当她得知自己的票有许多都是清洁员们所投时，她再一次向他们说了声"谢谢"！

"谢谢"帮助张珊占了先机，不久，她就被酒店列为重点培养对象，为她将来更好的职业发展前景铺平了道路。

不要小看"谢谢"的力量，一声"谢谢"中往往包含着真诚与感激、希望与机遇。

(2)说声"谢谢"有益团队和谐。

心理学研究发现：说声"谢谢"能让被感谢之人心理愉悦，从而增进双方的关系。有人在对某公司 1100 名职工做出调查后发现：懂礼貌、常说"谢谢"的员工给人留下的印象最为深刻。

时常把"谢谢"挂在嘴边，在增进人际关系的同时，还能提高工作效率，促进团队合作。这是一种共赢。每个企业都喜欢讲礼貌、懂感恩的员工。

从心理学角度分析，受到感谢的一方通常会产生回报的想法，他们希望能有机会向对方表达感激之情，从而"礼尚往来"，形成一种良性循环。

(3)"谢谢"体现出一个人的优秀品格。

受人帮助说声"谢谢"；受人恩惠说声"谢谢"；合作愉快说声"谢谢"……"谢谢"体现出一个人的优秀美格。心怀感恩之心的人一定将"谢谢"两字常挂嘴边。

"谢谢"传递出的是一种温暖，一种感恩，一种做人的美好品质。人只有懂得感恩，才能懂得珍惜；只有懂得珍惜，才会更加在乎身边的人和自己的工作；珍惜、热爱自己工作的人一定能够获得成功。

在生活和工作中，切记："谢谢"常挂嘴边，"机会"就会站在你

身边。努力做一个有礼貌、知恩善报、尊重他人的人，如此，你也能

赢得他人的尊重和欢迎。

宽容是团队凝聚力的"助推剂"

现在的职场强调团队合作，要求每一个员工都能够讲"君子"风范，以"宽容"的气度接纳他人，和其他成员和谐相处，大家相互支持，共同进步。

做人要大度。大家在同一个团队工作，时间久了，难免会产生矛盾和摩擦。如果能大度一点，在保留自己观点的同时，虚心听取他人的意见，不但不伤感情，也不会影响工作，何乐而不为？

在工作中，要有容人之量，虚心听取他人的意见、观点和看法，正确的接受，错误的包容，不心存芥蒂。正确处理矛盾的方法就是敞开心胸，以宽容之心对待自己、同事、朋友，甚至对手。

张珊和徐露露是公关公司的两名经理，两人各有长处，工作能力都很强，都是公司的重点培养对象。

相比较而言，徐露露头脑更灵活、思维更活跃。年底总结大会上，徐露露提出了一个新的工作方案，思维十分超前，也非常具有可行性，公司领导给予了很高的评价。张珊是个相对传统的女孩，她的工作方案观点稳妥，但也相对保守。经过一番讨论，公司采用了徐露露的方案，把张珊的作为备用方案。公司实施徐露露的方案后收到了很好的效果，公关风险也降低了不少。

一次，公司接了一笔大单，为了保险起见，公司领导让所有的部门都参与到这个公关项目上来。此时，徐露露很需要一个像张珊这样工作能力强、态度认真的搭档。但是由于两个人之间存在竞争关系，徐露露对张珊有些心存芥蒂，硬是将张珊排除在计划之外，所有的工作都由自己独立承担。

作为团体公关项目，一个人的力量是有限的，徐露露很难按公司的要求保质保量地完成任务。后来，张珊主动找徐露露谈心："我们虽然是竞争对手，但是处于同一个团队，应该以大局为重！"张珊的一番话让徐露露有些惭愧，徐露露走出了"心理误区"，两个人的关系好转起来。

张珊和徐露露联手后，工作效率明显提高，工作质量也大有进步。第二年的总结大会上，徐露露在进行个人总结时真诚地说，自己最大的收获是意识到团队的力量。

斤斤计较不能成事只能败事，心存芥蒂只能反映出一个人心胸狭隘。人只有放下内心的芥蒂，多一些包容和沟通，才能最终取得成功。

心存芥蒂者，常常因"芥蒂"而伤了自身；心怀宽广者，常常因包容而受益无穷。心存芥蒂是一种偏见、一种消极的人生态度、一种有碍人际沟通的不明智的行为。企业需要积极的员工、健康的员工、胸怀宽广的员工，一个懂得包容的员工更能赢得同事的认可和赞赏。

有人说：一个人的成功不在于他能够拥有多少，而在于他是否懂得宽容与谅解！宽容是一种美德。放下心中的"芥蒂"，放下个人的"恩怨"，积极沟通，互谅互让，互帮互学，增强团队凝聚力，成功就会很快来临。

做人要有"底线"

在生活中，人们常以"墙头草"来形象地比喻那些立场不稳、左右摇摆之人："墙头草"，两边摇，哪边势强哪边倒。在职场中，不乏随风而倒的"墙头草"，甚至可以说，"墙头草"这种行为已经成为某些人的职场生存态度和生存技巧。

（1）职场中"墙头草"的几个典型表现。

① 人云亦云。

没有自己的观点，永远只是附和他人的意见。他们或者是为了某种利益而将自己的真实想法隐藏起来，以避免生存危机；或者是根本就没有自己的想法，只知人云亦云。

② 见风使舵。

遇到纷争时，哪边"势力"大就倒向哪一边；一旦一方失势，又马上倒向另一边。趋炎附势、见风使舵是他们的常态。

③ "变脸"游戏。

平时勾肩搭背、称兄道弟，出了问题立刻与对方划清界限，翻脸如翻书，常做为利忘义之事。在他们心中，利益远大于友情，他们也不会对他人付出真心。

（2）做"墙头草"的不良后果。

做棵"墙头草"，可能暂时会获得一些"实惠"，拥有一时的"风光"。但从长远来看，吞下"苦果"的也一定是他们自己。因为：

① 他们很难取信于人，在团队中"东摇西摆"，极易动摇团队精神。

② 他们容易变成团队斗争的"牺牲品"。

③ 他们经常遭遇职场生存危机。

④ 领导一般不会将他们视为骨干力量，所以他们很难被重用。

⑤ 关键时刻无人为他们说话、替他们分担。

（3）如何避免自身"墙头草"行为的发生。

虽然人们主观上拒绝"墙头草"的行为方式，但有时难免或多或少会出现"墙头草"的倾向。这是因为人们自身对利益的判断与选择能力不足。

著名的"手表定律"告诉我们这样一个概念：只有一只手表的时候，我们可以知道时间；但如果有两只或更多的手表，我们反而不能确定是几点了。

身处价值观多元化的当今社会，如果我们自己没有一种坚定的、一以贯之的原则来判断、分辨、选择的话，我们就会感觉无所适从，就会左右摇摆。所以，我们要做的是：找准一只"手表"，把它作为自己的唯一标准，一以贯之。

在职场中，我们要有明确的立场和观点，要用自己坚持的原则和标准来衡量事情的是非黑白，不要轻易受他人观点的影响，形成自己的判断与选择。

(4)赢得广泛信任，在职场竞争中站稳脚跟。

在职场中立足，一个"信"字千斤重，"信"是做人做事最基本的准则。

"墙头草"由于立场不坚定，容易趋炎附势，可能会暂时获得领导

的信任。但是当"墙头草"们一次次背叛"去势"者，下一任领导还会信任他们吗？当"墙头草"们因利忘义不断出卖朋友，倒向利益集团时，还会有人与之相交吗？当"墙头草"们今天当你面说你好、明天当他面说你坏，还会有人拿他的话当真吗？可以想见，长此以往，他们定会被大多数人所鄙弃，他们的职场生涯也定会以"灰色"落幕。

恪守信用的好名誉是长期积累的结果，取信于人是十分关键的因素。在团队中，要讲求诚信，赢得成员的广泛信任，只有这样，才能在激烈的市场竞争中站稳脚跟。

专注事业，眼光放长远

在团队中，做事与做人并不矛盾。

简单做人，低调做事，即使面对竞争，也应以集体利益为重，个

人服从于集体，把眼光放长远。

那么，怎样才是简单做人、低调做事、眼光放长远呢？

（1）拒绝内耗。

内耗是一件害人害己的事。对于个人而言，内耗不但消耗人的精

力，导致人的工作效率降低，还会使人内心失衡。内心失衡会严重影

响一个人自身的职业发展。对于集体而言，内耗会极大地破坏团队的

团结。所以，如果你想成为一名让企业信任的员工，就要"洁身自

好"，简单做人，低调做事，眼光看长远，拒绝任何内耗等恶性竞争。

（2）低调做人。

俗话说：做事低调，做人也要低调。这样不但会使人与周围人之间的关系更加融洽，而且还会给个人增加"印象分"。低调做人是一个人成熟的标志，是为人处世的一种基本素质，也是一个人成就大业的基础。

（3）不占"小便宜"。

一个目光长远的人不会斤斤计较，不会在意眼前利益。他们以大局为重，从大处着眼，不与人相争，不与事较真，全力以赴，努力工作。

美国一个名叫杰米的年轻人进入公司之后，从不花费心思去做无谓的计较，而是一心一意地努力工作，提高自己的工作能力和业务水平。他的不占"小便宜"，他的积极与努力，使他总是能够挖掘到一些潜在的客户，不断提升自己的工作业绩和影响力。后来，他被派往芝加哥工作，之后又被公司聘为高管。

"小便宜"只能让人得到一时的实惠，做大事的人万万不能被眼前的小利益"拖住"。"小便宜"不能让人持久高效地工作，而高效执行者则眼光长远，能够专注持久地工作，他们所取得的成绩也非爱占"小便宜"者所能比拟。

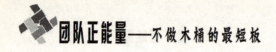

"补台"不"拆台"

据调查，工作中最让人鄙弃的三种行为是：推卸责任、打小报告、背后"拆台"。背后"拆台"产生的原因就是私心私利在"作祟"。

小王是某软件公司的程序员。公司正在开发一种财务管理的应用软件，小王负责部分软件程序的编写。与小王一起编写程序的还有小孙，小孙年龄虽小但编写程序的水平远远高于小王，这令小王有些嫉妒。

在一次酒会上，小孙很是风光，显得"星光熠熠"，而小王却十分落寞。小王的内心更加失衡，他暗暗做了一个决定：找个时机"报复"一下小孙。

于是，有一天，小王将小孙编写好的程序随意做了一些改动，结果不但毁掉了小孙的劳动成果，甚至差点毁掉公司开发的整个财务管理软件。事后经过调查，管理层发现是小王在程序上做了手脚，不但将他开除，还差点把他送上法庭。

"拆台"是一种自私愚蠢的行为，顾全大局、相互提携才是团队制胜的"法宝"。"拆台"拆去的不仅仅是他人的利益，更是自己安身立命的基础。所以，不管是为人着想还是为己着想，都要学会"补台"，不要"拆台"。

（1）"补台"是"友善"的情感表达。

在工作中，难免出现尴尬之事，在他人尴尬的时候及时挺身而出，帮其圆场，此时的"补台"就是一种"雪中送炭"。如果你这么做了，不仅能够提高你的魅力值，而且"赠人玫瑰，手有余香"，也会使你的人际关系更加和谐。

某公司召开一年一度的业务洽谈会，公司的重要客户基本上都到了。主管致完简短开幕词后，由几家主要客户代表发言。

某客户代表拿着发言稿发言时，误把公司名称中的"烨"念成了"华"，引起场下一片哗然。此时公司的业务员小王灵机一动，主动举手站起来报告："不好意思，是我的问题，传真上我写错了公司名

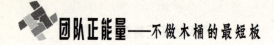

字!"主管不但没黑脸，反而心照不宣地配合了一下："以后认真一点，不要再出错!"

洽谈会结束后，该客户代表向小王和主管表达了真诚的谢意，并且第一时间签订了合同。几周后，主管把善于"补台"的小王提拔为自己的副手。

（2）"补台"是给他人"搭台阶"，更是为自己"留后路"。

人需要"补台"的时候，一定是遇到难处需要帮助的时候。此时伸出你的援助之手，为其"架梯补台"，使其感受到温暖与力量的同时，你也会赢得他人的感激与尊敬，并为自己积攒下被回馈的空间。以后当你自己深陷困境的时候，也同样能得到他人的帮助，所以说，帮人就是帮己。

（3）"补台"是维护集体利益的表现。

团队是组织意义上的利益共同体，只有团队成员互相合作才能规避风险。个体间通过相互合作将利益最大化，实现共同的目标。"补台"是团队中良好关系的"催化剂"，如果人人都能"补台"，就不会有斤斤计较，就不会有孤立无援，自然就会形成"优势互补、相互促进"的良好局面。

　　"补台"表现出一种以大局为重的责任感，是一种充满友爱的善举。每一个职场人都应具有"补台"不"拆台"的意识，以促进个人和团队的共同发展。

"强强联合"的智慧

许多人认为，竞争对手就是"敌人"，与"敌人"握手言和是不可能的。于是，他们一味打压对手，意图把对方打败从而获得成功。但实际上，真正赢得成功的方式是：强强联合！与竞争对手交朋友，学习其优势，取长补短，是一种充满智慧的选择。

徐辉是公司一个部门的主管领导，许多人都很羡慕他的职位，想通过自己的能力取而代之。

公司里有一个年轻人名叫赵文华，名校毕业。他是一个十分上进的人，自从来到这个公司后，立即成为公司里的"明星"。他与徐辉同属一个部门，是徐辉的下属。

赵文华年纪不大，但做事沉稳、大方，显得异常老练，被办公室里的人称为"老赵"。徐辉只比赵文华大几岁，很多人都认为赵文华再干几年就能取代徐辉。徐辉也实实在在地感受到了压力。两个人虽然不在同一条起跑线上，但是想问题总能想到一块去。虽然两人有着竞争关系，但是却都把彼此当作"镜子"看待。赵文华最佩服徐辉的是身居高位却不耻下问。而徐辉也对赵文华的沉稳大气赞赏有加。

把竞争对手当镜子，既不"跌身份"，又能从对方身上学到东西。赵文华把徐辉当成领导，也当成了自己工作上的"标杆"。他一方面向徐辉"取经"，一方面努力做好工作。后来高层打算在徐辉的部门里提一个助理，徐辉毫不犹豫地向领导推荐了赵文华这个潜在的"竞争对手"。他说："尊重你的对手就是尊重你自己，向竞争对手学习，不仅需要胆量，更是一种智慧！"

（1）向竞争对手学习是一种智慧。

许多人的成功来自于竞争对手的压力，因为压力可以转化为动力。人若没有竞争对手，有时就会失去前进的动力。所以，向竞争对手学习是一种促使自己上进的方法。"金无足赤，人无完人"，竞争对

手一定有比你强的地方。如何从竞争对手身上学到长处，最好的方法就是与他成为朋友！

小张和小王在某公司同时负责销售工作，他们团队的业绩直接影响着公司经营的好坏。也就是说，小张和小王既是竞争对手，又是团队中不可或缺的成员。他们需要彼此配合，才能提高工作效率，为公司创造效益。

面对竞争时，"强强联合"是一种最好的合作模式。竞争中也要以大局为重，如果把彼此当成"敌人"，无异于损害集体利益。他们俩都明白这个道理。小王和小张联起手来，相互学习，共同分享有限的市场资源。在两个人的共同努力下，团队的销售额一天比一天高。工作业绩上的突出表现也为他们带来了实际的收益，达到了双赢的目的。

（2）与竞争对手交朋友是一种做人的境界。

有这样一句名言：一匹马如果没有另一匹马紧紧追赶并要超过它，就永远不会疾驰飞奔。其实竞争对手更像是"陪练"，没有竞争对手，就没有一个人的成功。

与竞争对手交朋友，需要达到一定的人生境界。一个人倘若能够与自己的竞争对手友好相处，这个人一定是个胸怀宽广的人。善待自

己的竞争对手，与竞争对手真诚交往，以博大的胸怀包容一切，成功

就会在不远处。

打造个人独特魅力

有人曾说:"一个人有魅力的话,他就有一种能使人开颜、消怒,并且悦人、迷人的神秘品质。它不像水龙头那样随开随关,突然迸发。它像一根根丝线一样巧妙地编织在人的性格里,闪闪发亮,光辉灿烂。"

魅力是人自然流露出来的东西,能够帮助一个人得到更多关注,从而引发"连锁效应"。魅力不仅仅是一种吸引力,更是一种无形的资本。在生活和工作中,魅力发挥着重要的作用。那么,如何打造属于自己的独特魅力呢?

（1）礼乐他人，热情待人。

一个人是否拥有迷人的魅力，能否礼乐他人是很重要的。在职场中，礼乐他人，热情待人，不仅仅是一种修养、一种品质，更是一种获得成功的"制胜武器"。

汉克大学毕业后来到一家电信公司从事电网设备维修工作。"维修"是最没有"光环"的工作，但是汉克却成了这家公司的"明星"。他"成名"的原因在于：礼乐他人！在他看来，工作需要人倾注热情，而这种热情则往往在工作交流中体现出来。

"嗨，老科勒，最近有什么烦心事吗？我刚学会了一道韩国菜，这道菜简直棒极了……不信你来我家尝一尝！"汉克维修完后，对老科勒说。

汉克总是这样，他总能"捕捉"到他人的不快，然后用幽默的语言帮助他人缓解压力。不管是碰到年轻人还是比他年长的前辈，也不管对方的身份如何、地位高低，他都能礼貌待人，让人感受到温暖和关怀。

（2）装扮得体，注重仪表。

得体的装扮不仅可以吸引他人，而且是一种提升个人魅力的手段。得体的装扮不仅是一种尊重他人的方式，也是一种尊重个人工作的表现。

马苏是一位成功的职业女性，对于仪表装扮她说出了这样的感受："我觉得一个女性想要在职场上获得更多的机会，应该做足仪表功课，得体的装扮是职场成功的催化剂。把自己打扮得既庄重又不失个人特点，会给人留下鲜明的印象。而且一旦遇到拥有相同品位的上司或者客户，既会提高自己的个人魅力，又能拉近彼此的关系，对工作也会有很好的帮助。"

（3）拥有渊博的学识。

人的魅力的散发，除了靠礼仪，靠装扮，还要靠渊博的学识。一个人一旦拥有了渊博的学识，也就拥有了"杀伤力"强的职场"武器"。要用知识"武装"自己，用智慧丰富自己，因为渊博的学识不仅能够打通职场的"死胡同"，还能大幅度地提升个人魅力。

当然，打造个人独特魅力的方式还有许多，比如，做人讲原则、做事果断不邋遢、工作效率高，等等，这些都是打造个人独特魅力的方式。人一定要拥有个人的独特魅力，这样才能提高"气场"、凝聚"人气"，为自己赢得更多的机会。

多与上司沟通

在团队中，除了要摆正自己的位置，和同事和谐相处，还要尊重自己的上司，维护上司的威信，有问题多向上司请示，多与上司沟通。

在企业中，有些员工能力很强，而且自认为办事牢靠，所以从不"惊动"上司，这样做其实是不对的，因为这些员工的"自我"很有可能贯彻的根本就不是上司的意图。

（1）与上司沟通收获多。

潘强是个能力很强的人，他为人耿直，工作从不拖泥带水，办事干脆利落。潘强的对桌是个年龄比他略大的女孩，叫罗琳，来得比他晚，性格很随和。他们都从事市场公关工作，只是负责的区域不同。

潘强不怕吃苦，自认为领悟上司意图的水平很高，于是只要接受任务，就"冲锋"在前，不再向上司请示汇报工作。罗琳却时常请示上司什么事情该怎样办，或请上司出主意。有人甚至觉得，罗琳是个没有主见的人。

但是后来，罗琳竟然成了潘强的上级。他们两人之所以不同的原因在于：罗琳擅长与上司沟通，听取上司的教导；而潘强则习惯按照自己的意志工作，主观性太强。

多向上司请示，多与上司沟通，从上司那里得到支持和建议，在尊重上司的同时，也会给上司留下反思或发挥的空间。

而且，有事多请示上司，多与上司沟通，并非显得自己"无主见"，有时候更能彰显一个人的处事能力。

（2）工作情况多汇报。

上司之所以能够成为上司，肯定有其高明的地方。作为下属，时常向上司汇报工作是明智之举。

通常情况下，上级领导下级，不管你是个实力多么强的人，身处下级位置，就要服从上级的指令。想要尽可能顺利地完成工作，首先要明确上司意图，尤其在某些项目的实施建设方面，更要及时反馈信息，供上司做出决策，这也是一种对工作负责的行为。

人们常说下级要有"追随"意识，即要让自己的领导多了解工作进度以及工作的完成情况。完成的工作的结果要汇报；未完成的工作的进度也要汇报；在工作中出现的问题更要汇报。在工作中要争取做到不"欺上瞒下"，让上司在决策中处于首要地位。

徐丹是老板的助理。她的工作一是帮老板处理内务，二是向老板汇报各个部门的工作。徐丹一直把请示汇报工作放在首位。徐丹说："能够当老板的人，都不是简单的人！"此话的意思是：能够成为老板的人定有其过人之处。徐丹认为，只要摆正自己的位置，认清自己的角色，多跟老板沟通汇报工作，做事就不容易出错了。

向上司多请示汇报，一定程度上会降低工作失误的概率，还会得到上司的支持和帮助。

"多请示多汇报"是员工与上司沟通的最好方式。员工如果懂得了"多请示多汇报"的内涵，其职场之路定会走得更加顺畅。

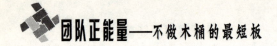

不傲慢，不自大，待人以诚

傲慢是一种自高自大、目空一切的态度，其最大的特点是：对他人不尊重，瞧不起他人。傲慢是不为一般人所接受的一种消极态度，是一种认知方面的障碍。

苏格拉底说：傲慢是无知的产物。

邓拓说：越是没有本领的人就越自命不凡。

卡内基说：傲慢的人不会成长，因为，他不会喜欢严正的忠告。

巴尔扎克说：傲慢是一种得不到支持的尊严。

工作中傲慢待人，不仅得不到尊重，而且会影响自身发展。

有一个女孩，由于家境良好，又是名校毕业的海归，所以她在刚刚进入职场时就表现出一种"高人一头"的气势，在待人接物时总是显得很傲慢。她总觉得，目前这份工作与自己理想中的事业相差甚远，团队中其他同事也才华平平，毫无过人之处。因此，不管走到哪里，她都有种"大和尚进小庙"的感觉，经常用一种瞧不起人的目光和语气对待自己的同事。

一次，某同事结婚，打算去九寨沟度蜜月。当其他人都在祝贺该同事时，她走过来冷冷地甩出一句："怎么不出国度蜜月？九寨沟有什么好的，我都去过六次了！"此话一出，顿时冷场。正准备去度蜜月的女同事生气地跟她争吵起来。

由于傲慢，她逐渐成了"孤家寡人"，最终被公司开除。

人不是独居动物，尤其是在强调团队合作的职场中，更需要谦虚待人。只有尊重他人，人才能更好地生存与发展。上述案例中的女孩显然缺乏这种意识，最终导致自己"寸步难行"。

傲慢不会给人带来好的结果，只会令人厌恶，四面树敌。傲慢不仅是无知的表现，也是一种不成熟的表现。

（1）傲慢是一种自我认知障碍。

傲慢者往往忽视甚至丧失对自身能力的衡量和判断。有的人心比

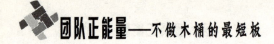

天高，自命不凡，在工作中处处觉得人不如己，自视甚高，不去积极寻求工作的创新与挑战，从而逐渐丧失工作的积极性，由傲慢导致懈怠，最终走向平庸。

（2）傲慢是一种粗俗的、不礼貌的行为。

人们常常将"傲慢"与"无礼"连用，表达对傲慢行为的一种否定。傲慢表现在对他人的不尊重、无端蔑视或冷嘲热讽。在现实生活中，任何不礼貌的行为都不会得到相应的礼貌回馈。所以，如果一个人在职场中总是用一种粗俗、无礼的态度对待他人，那么久而久之，其他的人也不会用和善、友好的眼光与态度对待他，那这个人的职业前景一定是暗淡的，因为这样的人是团队利益的"破坏分子"，有哪一个领导愿意留用这样的人呢？

（3）傲慢是一种缺乏自知之明的表现。

傲慢的人只会看到别人不好的地方，从而导致以下不良后果：

① 人际关系紧张。和谐的人际关系是现代职场中所必需的，许多工作都是在团队的基础上完成的，有时还需要资源共享。如果因傲慢而失去团队协作意识，工作任务自然也就无法顺利完成。

② 失去客观的分析与判断。傲慢的人往往过高估计自己的能力，导致不能客观准确地分析问题，表现在工作中就会出现处理事情武断草率、办事不牢靠等情况。

一个人如果想获得成功，非常重要的一点就是要放低姿态，用真诚的心去换取他人的信任与认可。放下自己的傲慢，待人以诚，才会得到应有的尊重和机遇。

要有分享精神

分享荣誉是有团队精神的一种表现。与他人分享荣誉，亦是为下一次的成功做铺垫。俗话说：鱼儿离不开水，鸟儿离不开天空。一个人的成功同样离不开团队中其他人的支持。

詹姆斯曾经是一名勇敢的战士，战功赫赫。后来，他成为西点军校的一名教官，外号"魔鬼"！

这天，来了一批新兵，这批新兵有一个通病：过于自私！詹姆斯认为：军人是一个严肃的职业，士兵们要想在战场上取得胜利，就要改掉自私的毛病。于是詹姆斯决定用一种罕见的方式训练他们。

"又是五十公里徒步穿越……我真的受够了!"一名新兵发起了牢骚。

另一个新兵也在宣泄:"这把突击步枪足足有一个人重!"

许多新兵被詹姆斯"折磨"得痛苦不堪。

经过一年多的"魔鬼训练",这批新兵分别被派到了各个地方的各个危险角落,一个名叫阿西斯的年轻人就是其中一个。当阿西斯躲在满是弹坑的巷道里回忆过去时,他竟然笑了。后来,阿西斯带领着他的分队在某巷战中取得大捷,他说:"荣誉是大家拼来的,不仅仅是我阿西斯的,而是大家的!"

此时的阿西斯终于明白了当初"魔鬼"詹姆斯疯狂锻炼他们意志的初衷——"同甘共苦、分享荣誉"。他也明白了:分享荣誉是人生中最宝贵的时刻。

事实上,职场如战场,分享荣誉是"同舟共济、共渡难关"的表现,也是互相尊重、互相支持的表现。一个人的成功与诸多因素相关,比如团队、环境、制度,等等。许多人的成功依赖于一个优秀团结的团队,而与团队分享成功的喜悦,正是一种"功成名就不忘恩"的表现,是一种感谢的回馈。

在生活和工作中，要做一个懂得感恩的人，做一个懂得与他人分享荣誉与喜悦的人；而不是做一个自私自利、将荣誉独揽己身的人，这样的话只能遭到整个团队的唾弃。

要做有效沟通

沟通一定要做到有效，这样才是真正意义上的沟通。有效沟通就像一门艺术，不仅能够展示出一个人的沟通水平，也能有效促进沟通的展开，提高执行的效率。

沟通是团队协作的桥梁。人的交往离不开沟通，工作也离不开沟通，有效的沟通可以帮助人化解危机和尴尬，是职场高手最常用的一种交际手段。

沟通是一个心理层面的问题，沟通是人与人之间传递情感和反馈交流的过程，沟通的目的在于"达成一致"。简而言之，沟通各方其实都为同一个目的而来，而有效沟通就是提高沟通效率，缩短达成一致的时间。一般来讲，一个人在沟通中应注意控制自己的情绪，判断信

息交流的准确性以及根据对方的反应调整交谈内容。比如，沟通时采用较平缓的语调、不急不怒的态度有助于让对方知无不言，而带有"火药味"的沟通则往往使双方陷于僵持局面。

有一个谈判专家，他曾经是一个性格内向、不善言谈的人。在他还是一名学生的时候，他并没有表现出"沟通"的天赋，他不爱说话，甚至懒得交朋友。但是步入职场后，因为职业的原因，他必须要张嘴说话，要学会与人沟通。在与客户的沟通交流中，为避免对方反感，使每一次的交流能顺利进行，他不断改进自己的沟通方式，尝试各种情绪控制的方法，最终成为一名沟通方面的专家。他的经历也说明了：有效沟通的能力不是人天生就具备的，而是需要后天的刻苦磨砺与培养的。

那么，怎样才能做到有效沟通呢？

（1）提供有效清晰的信息。

与对方的沟通是否有效，关键在于信息本身。如果你提供了一个含糊不清的信息，就会使对方产生思维障碍；如果你提供的信息是虚假的，则会给对方形成误导。所以，提供信息一定要真实可靠、有效清晰，这样才能有利于沟通的开展。提供有效的信息，是沟通的前提。

（2）沟通要真诚。

一个人真诚与否是决定沟通是否有效的重要因素。有些人总爱在沟通中表现出"趾高气昂""高人一等"的姿态，这种不对等的沟通是难以顺利进行下去的。俗话说：心诚则灵。一个人要想实现有效沟通，心诚是关键，因为态度往往能够决定事态的发展。

小王做销售多年，早已经是一个"老油条"了，也有着"老油条"们的一些特征，诸如总爱夸大事实、说话真假难辨、总希望占到便宜，等等。

有一次，小王跟一个客户进行交流，他的目的是拓展一下该区域的业务。在交流过程中，小王对那些"敏感"问题回答得不清不楚；可当牵扯到双方利益的时候，他就会突然提高嗓门，大谈特谈。后来，小王跟对方"谈崩"了，双方不欢而散。

小王之所以没能沟通成功，原因就在于自己不够真诚。一个真诚的人不仅要有坦诚合作的愿望，还要有勇于承担责任、履行义务的具体语言表现。正如一位谈判专家所说："既然沟通是为了合作，为什么不拿出自己那份合作的诚意呢？"

（3）控制情绪。

人们在沟通过程中因为意见不一致而发生争论很常见，偶尔的小争论不要紧，但激烈的争论则不仅不能将交流双方拉回到"谈判席"上，还会令双方意见上的分歧更加严重。

所以，人与人在沟通时，学会控制情绪很重要。要保持好心态，时刻控制好自己的情绪。有话好好说，这是很有道理的，因为有效沟通往往在沟通各方都感到"愉悦"的时候进行才最为顺利。

处世做人学会适当妥协

虽说没有过不去的"坎儿",但是有些"坎儿"并不太好过。那些"坎儿"倘若在你能力许可范围内,你应该奋力尝试;但倘若在你能力许可范围外,那么适当妥协也许就是一种正确的选择。

(1)适当妥协不是"无能"的表现。

曾经有一群登山队员,他们在征服了海拔超过8000米的珠穆朗玛峰和希夏邦马峰以后,又准备挑战海拔7782米的南迦巴瓦峰。

南迦巴瓦峰的高度虽然不及珠穆朗玛峰,但是却极少被人征服。藏语中,"南迦巴瓦"的意思是"天上掉下来的石头"或"直刺天空的长矛",地势极其险峻,其周围的天气也总是变幻莫测。

登山队员在海拔4850米的地方扎营,准备第二天进行登山冲刺。

第二天天微微亮，天空万里无云，天气非常好。队员们备好行装，向海拔 6900 米的大本营前进，作为冲刺前的最后准备。路上，有人还轻快地唱起歌来。

但是，天有不测风云，当他们正觉运气好的时候，南迦巴瓦突然"大发雷霆"，气温急降，刮起了暴风雪。登山队的队长迅速发出指令，让队伍撤回到山下。

过了几天，登山队再一次向南迦巴瓦发起冲击。这一次队员们铆足了劲，终于成功地站在了南迦巴瓦峰的山顶上。

在无能为力的时候，登山队员们选择了妥协，而非坚持。他们选择妥协，是为了避开风险，是为了等待一个更好的时机。

有人说：不要硬碰硬，硬碰硬只会伤了自己。有人说：适当妥协不是一种无能的表现，而是一种成熟、正确的选择。适当妥协是一种"自我保护"，只有先在激烈的竞争中保全自己，你才有可能最终成为竞争中的胜利者。

适当妥协是一门艺术，而"以卵击石"是很危险的做法。所以，在必须妥协时，要学会适当妥协，以换来更加自由的广阔天地。

（2）留有余地，进可攻，退可守。

有句老话告诫人们：利不可赚尽，福不可享尽，势不可用尽，话不可说尽。职场之路并非一帆风顺，总会有一些意外发生。适当妥协，留点余地"储存"这些意外，"容纳"这些意外，为自己"搭建"一个个人生的"驿站"，如此才能进退自如，来去潇洒！

在工作中，做事要适可而止。要知道，给别人留余地就是给自己留退路。如果万事做"绝"，没有了回旋的余地，到头来后悔也来不及！

有这样一个寓言故事：一天，狼发现山脚下有个洞，各种动物由此通过。狼非常高兴，心想，守住洞口就可以捕获到猎物。于是，它堵上洞的另一端，等动物们来"送死"。第一天，来了一只羊，狼追上前去，羊找到一个可以逃生的小偏洞仓皇而逃。第二天，来了一只兔子，狼奋力追捕，结果，兔子从洞侧面一个更小一点的洞里逃走了。于是，气急败坏的狼找寻了大大小小的洞并全都堵上，心想，这下万无一失了。第三天，来了一只老虎，狼在山洞里窜来窜去，却由于没有出口，无法逃脱，最终被老虎吃掉了。

人际交往并不容易，与人打交道，会遇到各种性格的人。所以，不妨多给他人留些情面，使其避免尴尬、难堪，同时也为自己留些余地。

徐欣是一位名牌大学毕业生，她不仅学历高，而且口才很好，擅长交际应酬，很受上司赏识。徐欣十分懂得"万事让三分"的道理，即使碰到争论，她也会很婉转地表达自己的观点。每当同事提建议时，她都会认真聆听，而后客客气气地表述自己的观点。由于性格随和，她在职场中的"人缘"相当好，也正是由于其"万事留有退路"的处世哲学，在团队工作中，她得到了许多人的帮助，事业之路颇为顺利。

其实，在企业中像徐欣这样的人非常多，他们的成功正是因为他们把握好了"度"，"度"的问题解决了，事情就简单了。

在企业中，许多人为了利益竞争而陷入争斗之中，他们不懂进退，一味"冲锋"，只管自己，不顾他人。他们的这种做法往往不但得不到任何好处，反而会"惹祸"上身，这都是不会妥协的结果。每个企业都希望营造出积极健康的职场环境，每个管理者也都希望与自己的下属和谐相处，互让互谅。所以，学会适当妥协，"万事留有余地"，是使团队团结的又一"法宝"。

学会管理自己的情绪

有一句话说得好：你无法改变别人，但你可以改变自己；你无法改变天气，但你可以改变心情。工作中免不了磕磕绊绊、各种竞争，为了在工作中高效执行，就要学会管理自己的情绪，保持平常心，与自己的同事、上司和谐相处。

许多人爱感情用事，凡事凭个人的爱憎而行。"敢爱敢恨"虽然看上去很痛快、很有个性，但身在职场，这样做往往会影响工作效率。

在工作中，许多人都曾因感情用事而做出过不理智的选择。感情用事是一种不成熟的表现，只有学会控制自己的情绪，工作才会顺利。

小刘大学毕业后到一家上市公司从事市场营销工作。他角色转换得相当顺利，不久就为公司创造了效益，得到了公司及部门领导的一致肯定。

但后来，小刘与女友分手了，他一度情绪十分失落。小刘把这种不良情绪带进了工作中，常常与同事和上司发生冲突，后来他待不下去了，只好辞职。此后他又找了几份工作，最终却都因过于感情用事而遭到解雇或自动辞职。

一向自信满满的小刘不禁自问："我到底怎么了？"后来小刘去找心理专家咨询，心理专家的结论是：不能控制自己的情绪。虽然小刘有很强的业务能力和专业素质，但是因感情用事，太过冲动，所以对自己的职场之路造成了不利影响。

美国心理学家曾在"情绪管理"方面做过细致的研究，研究表明：控制情绪是大多数企业对员工的一项基本要求，尤其是在管理、服务行业。所以，学会控制自己的情绪，学会自我调节，是保持良好人际关系、获得成功的重要条件。

奥古斯丁是美国一家电信公司的员工，他已经从事了三十年电信终端销售工作，由于工作扎实、服务态度好，如今他已经是一名大区域经理。

"我们想进一步采购你们公司的电信设备。"一位客户坐在奥古斯丁的办公室里说。

"当然可以，而且我们还会继续提供安装、维护等各种服务。"

客户看到奥古斯丁办公桌下压着的大学毕业照上有一个人十分眼熟，于是问道："这个人好像在哪儿见到过？"

"他是爱德华·怀特克里！"

"就是 AT&T 的老板？"

"对！"

"为什么他能当上老板，而您仅仅是一个区域主管？"

奥古斯丁笑着说："如果我能像他那样克制自己，或许我就是AT&T 的老板了！"

成功的人大多不会感情用事，而是遇事冷静、处事谨慎。无论遇到大事小事，他们都能控制自己的情绪，拥有很强的自控力。

控制自己的情绪，应从以下几个方面入手：

（1）学会转移不良情绪。

学会转移不良情绪，把不良情绪暂时转移到其他感兴趣的事情上，从而达到控制情绪的效果。比如，心情不好的时候，可以去散步、听音乐，或者看一场电影等。

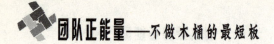

（2）培养宁静平和的心态。

平日多看书，多进行有益于身心健康的锻炼，多和志趣高雅的人交流，这样能培养宁静平和的心态。

（3）换个角度看问题。

凡事都有两面性，看待世界也要一分为二。遇到令人情绪低落的事时，如果换一个角度，你就可能会重新振作起来。有人说：当一个人跌进低谷时，也正是他上升的开始。用积极的眼光看待消极面，得到的就会是积极的东西。换一个角度，对事情重新进行判断，跳出"死胡同"，可以有效地控制自己的情绪，得到精神上的"解脱"。

（4）学会独立思考。

学会独立思考，独立分析问题，独立判断问题，从根源上控制自己的情绪。不管遇到什么样的事情，都要先冷静分析，然后再做出理性判断。

在团队中成长

从心理学角度看，放任自我、我行我素是人的本性，也就是说，是人的一种本真。但在团队中，需要的更多的是拥有驾轻就熟的处世技巧与和谐的人际关系的人，是对团队规则认同与遵从的人。

小李是一名新员工，他是个直来直去的人。有一次，小李单独接待公司的新客户，该客户也是一个性子直率的人。由于意见不合，最后双方发生了争吵。后来客户把争吵的经过告诉了小李的上司，小李不但受到了严厉的批评，还被扣发了当月的工资。

我行我素、放任自我看上去单纯直率，但其实是一种只考虑过程而不考虑后果的不成熟的表现。一个人身在团队就必须顾全大局，按照情理、规则处世待人。

（1）"耍性子"是一种不成熟的表现。

动不动就"耍性子"，一切以自我为中心，这种行为是极其幼稚的。因为一个人在使性子、恣意发脾气时，难免会说"错话"、说"坏话"，或许当时一句很随意的话，就有可能招致他人的不满，"祸从口出"常常就是过于"直率"的结果。

李明是一个工作积极热情、充满活力的年轻人，他非常看不惯那些懒散的人，于是直性子的他经常张口评论。虽然话没错，但过于直率的表达甚至直接出口伤人却使他得罪了不少人。后来上司多次找他谈话，让他不要太由着自己的性子来。

在团队中，不要"耍性子"，要学会用一种较为合理的、他人较容易接受的言语和方式表达自己的意见和态度。

（2）团队不是"操场"。

团队不同于"操场"，它不是一个可以随意"操练"的地方，而是一个有规则、有约束的场所。

在工作中要讲究语言艺术，既不能让他人情感上受不了，又要保持自己的真诚。比如，要把握自己的处事节奏，在处理问题及沟通时要有自控力和忍耐力。在工作中，过分"有棱有角"往往会遭到他人抵触，使个人的发展磕磕绊绊。因此，要掌握语言艺术，学会在团队中成长。

牢记"合则两利，分则两败"

任何人要有所作为，就必须把自己融入团队之中，大家齐心协力才能赢得发展。一位资深的企业培训师曾说过："成功靠别人，胜利靠团队。"这话虽然有点偏激，却凸显了团队精神在执行任务过程中的重要性。

在团队中，要明白一个简单的道理：合则两利，分则两败。

每年在美国篮球大赛结束后，常会从各个优胜队中挑出最优秀的队员，组成一支"梦之队"赴各地比赛，以制造新一轮高潮，但结果却总是令球迷失望——胜少负多。其原因就在于它并不是真正意义上的团队，虽然他们都是最顶尖的篮球选手，但是，由于他们平时分属不同的球队，他们无法培养团队精神，因此难以形成真正有凝聚力的团队。真正的团队有共同的目标，成员之间相互依存，相互影响，目标一致，步调相同，并且能很好地合作，共同追求团队的成功。

一个人如果善于同别人合作，即使自己能力上有所欠缺，也可以取长补短，顺利完成任务。相反，如果一个人的能力很强，但是不注重与其他成员之间的合作，就不能保证任务的顺利完成。

安妮和琼斯同在一家传媒公司的广告部工作。有一天，经理罗伯特分别交给她们一项开发大客户的任务，由于她们的任务都比较艰巨，所以在她们离开经理办公室时，罗伯特特意叮嘱她们："如果有什么需要帮忙的话可以直接给我打电话，同时要注意和其他部门的协调。"

安妮的业务能力一向很强，她在广告部的业绩也经常名列前茅，因此她十分骄傲。离开办公室后，安妮心想："罗伯特有什么能力，他只不过比我早到公司几年罢了，我解决不了的问题拿到他那里恐怕也没办法解决，再说了，开发大客户的任务怎么和其他部门协调，其他部门怎么懂这种事。凭我自己的能力和智慧我一定会完成这项任务。"

琼斯一向谦虚好学，她的业务能力略逊安妮一筹，不过在团结同事和谦虚地学习精神方面就比安妮强多了。走出经理办公室以后，琼斯直接到公司企划部和售后服务部和同事打了一声招呼："过几天我可能有一些问题要向大家请教，同时也需要大家的合作，我先在这里谢谢大家了。"

琼斯同时也想，安妮一向骄傲，但如果自己想实现业务能力的提高就必须多向她学习；不到万不得已的时候不去麻烦罗伯特先生，但在客户沟通等方面自己确实需要罗伯特先生的大力相助。

这次的任务确实比以前的艰难得多，但有了向安妮和罗伯特先生的学习，以及公司其他部门的配合，琼斯的任务超额完成了，她为公司带来了好几笔大生意，公司也给了她优厚的奖励。

安妮也联系到了一些大客户，但因为她向企划部交代的事项不清楚，导致客户要的方案不够详细，有些客户选择了其他公司，有些客户则因为没有得到更多的服务承诺而离开了，还有一些客户觉得安妮的公司不够重视他们，因为他们从来没有见过更高层的管理者并与其沟通，自然，安妮的任务没有完成。

上面的案例告诉我们这样一个道理：要完成一项任务就要注重和其他同事及各个部门的合作，单凭个人"单打独斗"是行不通的。

美国得克萨斯州石油大王保罗·盖蒂说："我宁可用 100 个人每

人 1% 的努力来获得成功，也不要用我一个人 100% 的努力来获得成功，况且我也成功不了。"

在当今竞争激烈的时代，团队中的每个成员若想顺利完成任务、获得成功，首先就要融入团队，了解并熟悉这个团队的一切，接受并认同这个团队的价值观念，在团队中找到自己的位置，认清自己的职责。要牢记：合则两利，分则两败。

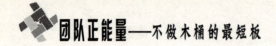

建立团队文化

团队，无论大小，都需要建立与其自身相适应的团队文化。

（1）建立强有力的推动组织。

现如今，企业最高层次的竞争已经不再是人、财、物的竞争，而是文化的竞争。最先进的管理思想是用文化进行管理。现在，企业经营者越来越注重企业文化、团队文化的建设和价值观的塑造，企业文化也正成为企业核心竞争力的有力保障。企业文化、团队文化的落实要有专门的组织负责推动、落实，领导带头，分工明确，责任到人，动员全体员工共同参与，上下左右齐心协力，营造全员落实文化的浓厚氛围。

（2）选择多样化的载体形式。

充分利用文化手册、员工手册、网络、宣传栏、广告牌、企业宣传手册、书籍和彩页、企业大事记画册、纪念庆典汇编、企业管理制度汇编、录像带、录音带、照片、电话、电子邮件等各种载体，通过纪念、会议、表彰大会（文化考核总结）、研讨、学习、培训、福利活动、内部的文娱体育比赛活动、对外各类交流活动、周年纪念日、节日庆典、爱心基金、文化宣传月活动、书面调查或访谈、新员工入职、轮岗、晋升培训等形式，从全方位进行企业文化和团队文化理念的宣导。

（3）注重文化推广的要点。

① 高层带动。

作为企业文化的"建筑师"，高层管理人员承担着企业文化建设最重要也最直接的任务。高层的一言一行都对企业文化的形成起着至关重要的作用。要避免出现企业的高层领导既是理念、制度的塑造者，同时又是理念、制度的破坏者的情况。企业文化建设的首要保障条件是高层领导的大力支持和推动。

②全员参与。

企业生产经营活动的主体是员工，所有员工的理念和价值取向的相互作用及融合形成公司的企业文化。因此，企业文化建设必须靠全员参与。很多时候，不同公司存在不同版本的文化内容，不同公司的领导和员工对同一文化有不同的看法，很多员工甚至对文化的一些内容存在异议。如果员工不能认同公司的文化，企业就会形成"内耗"，虽然每个人看起来都很努力，但由于努力的方向不一致，所以整个企业的合力很小，在市场竞争中就会显得很脆弱。企业文化并非只是高层的意见，而是整个企业的价值观和行为方式，只有得到全员认同的企业文化，才是有价值的企业文化。要得到全员的认同，首先就要征求全体员工的意见。企业高层管理者应该创造各种机会让全体员工参与进来，共同探讨公司的企业文化。

③广泛宣传。

如果没有大量的广泛的宣传和培训，人们通常是很难接受并认同一个新的理念的。企业文化应该从多渠道进行广泛宣传。比如，日常性经营例会、业务启动大会、经营管理专题会等多种功能的会议系统；关于使命、愿景等理念的标语、口号、文化墙的布置；年度功勋盛典、周年庆典等主题广泛、形式多样的仪式、庆典活动；内刊、网站等文化传播的重要资源，等等。运用多个渠道进行宣传和阐释时应该注意要进行统一的规划和部署，做到协调和统一。企业的对外文化宣传应该保持一致，准确定位。

④ 机制配套。

"内化于心、外化于形、固化于制"是企业文化"落地"的标志。其中，制度管理属于企业文化建设的中间层，是通向文化管理的现实"桥梁"，是将企业核心价值观融入企业管理的有效途径，是保证企业文化"落地"的最有形、最直观的方式。要建立一套透明、规范的操作流程及配套的考评体系，奖罚分明，将个人利益与结果价值完全挂钩，通过规范的员工行为落实企业及团队文化。

(4)"企业文化课程"的培训与学习。

进行企业文化培训的目的，是让企业的全体员工明白企业文化建设的意义，明白为什么要建设企业文化，明白企业文化的作用是什么，明白企业文化的特性是什么；是让企业的全体员工懂得企业文化与企业生产经营以及企业效益之间的密切关系，提高全员参与企业文化建设的自觉性；是让全体员工知道本企业所倡导的价值规范体系，理解其深刻含义，领会其精神实质，并有所感受与体验，从而强化全体员工对企业文化的接受、理解、传播与实践。同时，在培训过程中，通过各方人员的共同学习和交流，进一步丰富、完善企业文化的价值规范体系，进一步修订、发展企业文化战略和实施方法，使得企业文化更加先进、健康。

（5）企业文化管理和定期评估。

企业文化建设是一个长期的过程，需要经过较长时间的实践完善才能完成。即使原来已经适用的企业文化，如果不注重维护，其文化理念也可能在各种因素的影响下发生一定的变化，甚至变得不再适用了。因此，企业文化需要持续不断地建设、维护和管理。

企业文化管理应定期对企业文化进行评估和诊断，为企业文化的可持续性发展提供指导。可以通过员工反映—员工学习和提升—员工行为改变—组织绩效提升等实施不同阶段企业文化的管理和评估。

通过企业文化评估比较现实与期望的差异，比较本企业与全行业的差异，衡量企业文化创新、变革的方向与企业长期发展战略的适应性，以此建立科学合理的企业文化体系，促进组织和团队的腾飞。

在文化建设的实施过程中，每个人都应承担起相应的责任，企业文化的继承与创新是公司领导和全体员工的共同使命。只有当企业所倡导的理念固化为制度并内化为员工行为时，企业的业绩才能得到不断提升，企业才能凝聚一大批认同企业愿景、使命、精神与价值观，并愿为之奉献的同道者，得到发展壮大！

团队成员要各司其职

一个团队是由各种角色共同构成的，每个角色的价值在于承担其分工所赋予的使命。一个团队要发挥最大的作用，需要团队管理者具有"伯乐"的眼光，准确而迅速地识别出每一个员工身上的特质，并将安排在适当的位置上。

团队最重要的作用是完成任务、达到目标，友善、开朗的个性以及与一群人一起工作的能力和意愿，对每一位团队成员来说，都是不可或缺的。

将一个人放在其不能胜任的位置上是个人和团队的共同损失。善于用人，使团队成员各司其职，才能创造出一个真正有凝聚力和战斗力的团队。

（1）"用对人"的学问。

管理者的用人学问有哪些？归纳起来，主要有以下几个原则：

① 任"才"不任"亲"。

举贤不唯亲，事业才能成功。日本有一家科研工业公司，该公司的董事长本田宗一郎在创业的第 25 年，时年 60 岁时，觉得自己应该"让贤"了。本田宗一郎没有想过由自己的儿子接手自己的事业。他自有他的经营哲学："家庭归家庭，事业归事业。"最后，他把这份事业交给了当时才 45 岁的河岛喜好。10 年后，河岛又把"接力棒"传给了51 岁的久米是志。正是因为任"才"不任"亲"的用人原则，该公司才会一直发展壮大。

② 敢于任用有才能也有缺点的人。

美国著名管理学者杜拉克在《有效的管理》一书中讲了一段很有哲理的话，他说："倘若所用的人没有短处，其结果至多是一个平平凡凡的组织。所谓'样样都是'，必然一无是处。才干越高的人，其缺点也往往越明显。有高峰必有深谷，谁也不可能十全十能。"人不可能十全十美，要敢于任用那些有才能也有缺点的人。

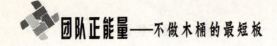

③ 切不可"大马拉小车"或"小马拉大车"。

所谓"大马拉小车"就是小职位用了大才之人。"大马"一旦拉起"小车"来，"车"就有被"颠覆"或"摧毁"的危险。"小马拉大车"则是重要职位却任用了才干不足的人，由于"小马"气力太小，所以会导致车无法前进。因而，"量才用人"是团队选人用人的明智之举。

④ 学会"放权"。

管理者要学会"放权"，采取分级管理，多当"裁判员"，少当"运动员"，切莫事事亲自过问。这样，一是可以调动中层人员的积极性；二是可以客观公正地处理企业中出现的各种问题，避免出现"不识庐山真面目，只缘身在此山中"的现象；三是可以避免与员工的直接对立。

⑤ 善待员工。

对员工千万不可太过苛刻，对员工的承诺一定要做到言必信、行必果，善待员工。

⑥ 小事"糊涂"，大事"聪明"。

作为管理者，关键的技术、主要的客户、原材料和产品的购销网络等一定要亲自掌握。要做到小事"糊涂"，大事"聪明"。

⑦ 要"外松内紧"地考察下属。

凡是准备长期任用或准备提拔的员工，管理者要多多指出他们的缺点，使之适应有压力的工作环境；对不准备常用的员工，则要多多地表彰，为"好聚不如好散"做准备。

⑧ 充分发挥每个员工的潜力。

东芝公司的总裁士光敏夫曾打比方说，一个人如果认为自己可以担起100公斤的担子，就应该交给他120公斤重的东西。他甚至说，如果不对员工委以重任，将是一种"罪过"，因为那样就不能把员工最大的潜力发挥出来。

所以，如果尊重员工，就应该给予其重任，激发他们的潜力和创造力。

（2）让每一个员工人都有自己的位置——各尽其能，优化组合。

管理大师罗伯特曾说："没有不合适的员工，只有不合适的安排。"这句话用在团队中也十分恰当，那些所谓的破坏团结的人并不都是"害群之马"，有时候他们只是没有适得其位，或者未尽其才。因此，对不同的情况管理者应该区别对待，并且保证处置公正。下面是几种不同类型的员工及其应对策略：

①"天才型"员工。

这一类员工往往胸藏机杼，工作起来游刃有余，但他们也会因为工作中缺乏新的挑战而感到失望。对于这类员工，管理者应该让他们参与特殊的项目，或者做团队领导，加快职位轮换，使其不断地面对新的挑战。

②"沉默寡言型"员工。

这一类员工能够应付大部分的工作任务，但是不会在团体会议上分享观点，也不会加入团体项目。管理者应该让这类员工与那些积极自信的同事合作，或者不断地给予他们更高要求的任务，激发他们的积极性。

③"工会代表型"员工。

这一类员工往往认为自己要坚持原则和管理层"抗争"，并且将其当作自己的职责所在。管理者应该在团队内公开处理这类员工的抱怨，或与他们直接洽谈业务等问题。

④"大材小用型"员工。

这一类员工往往没有能够尽其才能。对于这类员工，管理者应该直接听取他们关于增加职责的建议，对其委以重任。

⑤ "不堪重任型" 员工。

这一类员工或许是技能太差或许是缺少培训，因而不能完全胜任工作。管理者应该将这类员工与那些 "大材小用型" 员工搭配，调整其在团队中的位置，安排他们做相应的工作，实在不行的话，可以考虑辞退。

总而言之，对于想要建立有高度凝聚力和战斗力的团队的管理者来说，应该给员工安排合适的位置，这样才能够使团队发挥出最大的潜力。

世界上没有两片完全相同的树叶，人一生中也不可能两次踏进同一条河流，任何事物都存在差异。同样，企业里的每一个员工都有自己的个性、特长和工作方法，管理者只有让每个员工都发挥各自所长，才能使其各尽其能。

把员工放在合适的位置上，就能使他们发挥出最大的潜力，让企业效益大大提高。所以，管理者要学会用人，把合适的人放在合适的岗位上。

当然，对于一个团队而言，仅仅做到个人能力与职位相匹配还不够，团队需要的是整体力量最优化而不是个人能力最优化。要实现整

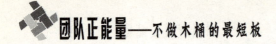

体力量最优化就要实行优化组合，使团队里的每个人都能够相互取长补短。

松下幸之助有一个著名的"两个轮子"的管理哲学，其论点是："员工与管理者，是公司车上的两个轮子。只有两个轮子处于协调、均衡状况的时候，公司才能够真正得以生存、发展和繁荣，公司和员工也才可以得到效益。"他认为，一个企业、一个公司，一定要有协调的行动，不然，只会面临失败。管理者的一个重要职责就是维持企业内部的协调，而要维持协调，就应该实行优化组合。

有这样一则寓言：

有一个很善良的人刚刚死去，上帝决定让他去天堂享福，并派了一个天使前去引导他。天使领着他前往天堂。他走过一个房间时，看见里面有很多人，他们正手持长柄的勺子，围着一口大汤锅，抢着从锅里捞东西。但是因为柄太长，这些人勺子里的汤都送不到自己嘴里。天使告诉那人："这里就是地狱。"

一会儿，他们走过另一个房间。这间房里也有一群拿着长勺的人围着一口大汤锅。但是与刚才那个房间里的人不一样的是，这个房间里面的人都是排着队从从容容地舀汤，然后用长勺互相喂食，其乐融融。"我们到了，这里就是天堂。"天使对那人说。

同样是很长的勺子，同样是围着一口大锅，但是没有优化组合的结果就是谁也喝不到汤，而一旦大家相互配合，就都可以喝到鲜美的汤了。"天堂"与"地狱"的差别在于此，一个优秀团队和一个差劲团队的差别也在于此。同样的团队人员、团队资源，由于不同的组合方式，会产生不同的能量，从而创造出不一样的效益。

作为团队的管理者，要让自己的团队处于优化组合的状态。优化组合这一原则的内涵有两个方面：

第一，要让每一个人待在合适的岗位上，人尽其才，人尽其用，让每一个人都发挥出最大的潜力。这是针对员工个体来说的。

第二，要让企业内部实现有机协调。在有机协调之中，企业获得的总的力量远远大于员工所有力量的叠加，这就是优化组合的效力。

企业管理者要做到让团队成员素质互补，使之产生协同效应，这样才能实现真正的优化组合。

使团队成员安心工作

团队的核心因素是"人";决定团队发展前景和团队管理水平的是"人";影响团队核心竞争力的同样是"人"……"人"是多种需求的综合体,既需要精神上的满足又需要物质上的满足,因此,团队使其成员获得职业幸福感尤为重要。

如何才能使团队成员获得职业幸福感呢?从心理学角度来讲,幸福感是指人根本的总体的需要得到满足时所产生的愉快状态。因此,团队要让其成员获得职业幸福感,就要从精神上和物质上给予成员感官上和精神上的享受。

(1)营造一个健康、宽松、和谐的人文环境。

员工是创造团队效益的根本,他们理应在付出艰辛的同时享受快乐。某公司的基层客户经理曾这样说："要是在公司里工作能有'家'的感觉，员工便能发挥出最佳的状态。"

团队要让员工感受到亲情般的人文关怀，把团队营造出"家"的氛围。比如，为员工送上一份温馨的"生日祝福"，切实为员工解决实际困难，经常性地举办职工座谈会，听取员工心声等。

阿里巴巴创始人马云这样讲："我认为，员工第一，客户第二。没有他们，就没有这个网站。只有他们开心了，我们的客户才会开心。而客户们那些鼓励的话，又会让他们充满激情地去工作，这也使得我们的网站不断地发展。"团队只有把员工服务好了，才会让他们产生职业幸福感，才会让他们有以团队为家的归属感，才能让他们快乐地把客户服务好，从而为团队创造出更大的经济效益。

如果团队不能让员工自己感到安心、愉悦，那还提什么工作效率、生活质量？团队只有让员工真正参与到团队的日常管理中去，使其真正成为"主人"，员工才会有强烈的归属感。团队应建立起科学合理的各项管理制度，让员工对团队的管理制度充满信心。比如，团队可建立值班制度、岗位轮换制度、群众监督制度等。在制定一些管理考核办法等规章制度时，团队应广泛征求员工的意见，避免出现"制度脱离实际，员工抱怨声大"等不良现象。

团队要深化内部体制改革，优化团队内部流程，把团队经营发展战略与团队文化培养结合起来，把不断创新、与时俱进的文化理念贯穿到管理制度、工作标准、考评体系中去，并将其应用到团队管理过程中。

团队要充分发挥文化创新的激励导向作用，广泛开展"学先进、树典型"活动，带动整个团队的学习风气，形成"你追我赶、团结协作、积极健康"的文化氛围。比如，团队可不定期地举办一些岗位技能竞赛、拓展训练、文化培训、演讲比赛等文体活动。这些活动一方面可以丰富团队员工的业余文化生活，另一方面可以陶冶员工的情操，增强团队的凝聚力，为团队的发展注入生机和活力。

（2）建立一种有效、合理的薪酬制度。

据美国华盛顿大学的一位权威人士称："华盛顿大学教授的工资20%是由良好的人文环境补偿的，80%是以货币形式支付的。"因此，团队除了要营造一个良好的人文环境外，还要建立有效、合理的薪酬制度。

团队应该创建灵活的激励机制，让员工的薪酬和其贡献直接挂钩，激发员工的工作积极性。

团队应让员工真正感觉到，团队的发展与其个人价值的体现密切相关。团队效益的提升应为员工带来很好的福利待遇，这样才能给予员工物质上的满足感，充分调动起员工的积极性和主动性。

（3）为员工提供一个很好的个人发展空间。

曾经有位员工这样讲："如果这份工作能让我感受到自身发展的前途，我的自信心就会大增，我工作起来就会心情愉悦，而且会事半功倍；相反，如果这份工作让我感觉前途迷茫，团队对个人的发展设置了种种屏障，我则会选择离开。"

这是一个基层员工的心声。由此可见，自身的发展前途是影响员工幸福感的一个重要因素。因此，管理者应该把团队的发展与员工的发展前途有机地结合起来。

"海阔凭鱼跃，天高任鸟飞。"团队一定要为员工搭建一个公平、合理、公正的发展平台，真正做到"用人唯贤"，这样才能让团队焕发出勃勃生机。

增强团队团结的十大技巧

只有团队的所有成员做到团结一致，团队才能算是真正有战斗力的团队。

增强团队团结，要注意如下几点：

（1）注重结果和效率，而非出勤时间。

管理"知识型"员工时，最好不要用硬性的打卡规定上班、下班时间，除非涉及客户服务的时间覆盖问题（比如，必须在呼叫时间内提供足够的服务）。应该设立明确的目标，比如，让员工每周用40小时完成工作，要求他们准时参加重要的会议并且在团队共同工作时间内随叫随到。

如果有必要，可为员工提供可以远程工作的工具，让他们自己管理自己的时间。这样做的目的就是告诉员工：团队信任他们。

（2）让团队成员各展其长。

确保团队成员都待在各自擅长的岗位上，这点尤为重要。应该评估所有的团队成员，并改组团队，以求更好的发展机会。只要某个员工能够在其他职位上做出更多的贡献，就应该认真考虑对其岗位进行调整，以实现个人和公司的最佳利益。

（3）让团队成员投身于其热衷的项目。

让团队成员处于合适岗位的另外一种方法是：找到成员真正的爱好所在，并看他们能否把热情投入到岗位中。将员工对工作的热情转化为学习和成长的强烈渴望，会促使他们全力以赴，拥有创新和成长的强大动力。

（4）在最佳时机使用最佳人选。

当有很好的机会推动公司发展时，要退一步思考谁是"领头羊"的最佳人选。除了寻找、挑选有能力胜任岗位的人或对岗位有热情的人之外，还需要关注那些有成功记录的人。有时候良机只有一次，错过就错过了，所以要学会在最佳时机使用最佳人选。

（5）平衡挑战性目标和现实性目标。

可以通过设定积极目标和督促员工定期汇报工作进度来建立绩效文化。但是要注意，目标不能定得太高，否则员工会跟不上，甚至会认为自己永远无法达成目标。所以必须定期重新评估目标的可实行性（至少一个季度一次），然后再决定员工是否需要减少或者增加工作任务。

（6）信任每一个团队成员，并让他们切实感受到这一点。

员工需要保持敏锐的思维以实现最佳绩效。对此，管理层的责任是营造一种培养和鼓励创造力的氛围，让每一个团队成员知道你信任他们，你相信他们有能力解决问题并如期完成工作。

（7）避免公开责备团队成员。

任何一个团队或企业，都会有"跌倒"的时候，都会有不尽人意的地方。失败之后，应该理性分析，找出失败的原因，从中吸取教训。如果是个人造成的严重错误，最好私下处理。如有必要，可以让犯错者知道下次遇到类似事件应该怎么处理。尽量不要在公开场合批评，无论是直接还是间接的。否则，团队成员可能会因害怕犯错或想要避免问题（或者逃避创新），而不会花充足的时间去做那些有创造性的工作。

（8）以正确终结项目来培养创新能力。

培养创新能力的重要一点是要了解如何有效且得体地终结项目。有时，失败会暴露某些员工的弱点和缺点；但有时，即便是有最优秀的员工参与，项目也会失败。如果一位优秀员工负责一个糟糕的项目，项目失败并不能说明这位员工能力差，而是因为那个项目根本无法实现。这时候，要把这个项目当作学习的机会，重新分派任务。否则，员工会因过度规避风险而不愿意再投入到下一个大项目中，或者不愿意再在管理项目时有大胆举措，这样会扼杀进步。

（9）不要给出所有的答案，要培养团队成员独立思考的能力。

管理者并不代表必须"包揽"所有的好想法，要培养团队成员独立思考的能力。

如果员工不能自己做决定，那么管理者就应当改变策略。当员工就某一问题给出相关信息，并询问该怎么做时，应该反问他们"你们是怎么想的"。多次之后，员工就会先自己思考，充分讨论并提出建议，然后再做决定。

（10）让团队成员知道"为什么"，从而达成共识。

作为管理者，最主要的职责之一是与员工就新的进展和策略转换进行沟通。千万不要在团队成员对做某事已经有成形的想法时，提出一个全新的方式，这样会严重影响他们的日常工作。

无论何时，如果计划有变只要有可能，一定要事先告诉团队成员，并让他们知道相关原因，允许他们表达自己的不同见解，让团队成员集思广益、献计献策，从而达成共识，共谋发展。

情感激励——让团队成员快乐工作

情感激励，就是通过建立一套科学的机制与文化，激励员工积极主动、乐观开朗、满怀热情地对待工作。

"石油大王"洛克菲勒经常教导儿子要快乐工作。在给儿子的信中，他根据工作态度把人分为三类：第一类人把工作看作负担和惩罚，因此经常抱怨、牢骚满腹；第二类人把工作看作养家糊口的方式，因此没有任何激情，只是为了工作而工作；第三类人把劳动成果看作艺术作品和个人成就，因此抱着积极快乐的心态投入所从事的工作。

高尔基有句名言："工作快乐，人生便是天堂；工作痛苦，人生便是地狱。"

员工能否快乐工作，关键在于公司的制度与文化。在一个制度化与人性化达到最佳平衡的团队中，员工一定可以快乐地工作。

让员工快乐地工作是管理者的职责。一个称职的管理者不一定要有绝佳的口才，却一定要有关爱员工之心，一定要有让员工快乐工作之能，正所谓"得人心者得天下"。如今，人才已成为团队最重要的资产，如何吸引并挽留人才已越来越受到重视。

激励是一门艺术，没有以情感为主导的激励机制，一个团队是走不远的。

那么，该如何科学地运用情感激励让员工快乐地工作呢？

（1）做好文化激励，培养共同的价值观。

团队要坚持以人为本，在明确团队目标、规范制度化管理的同时，通过榜样的人格激励、真诚地关爱员工、融洽的人际氛围等，培养员工形成正确的价值取向和行为准则，赢得员工的广泛认同，营造良好的团队文化氛围。

团队文化是一个团队在自身发展过程中形成的以价值观为核心的独特的文化管理模式，是一个团队的思想理念和行为方式的融合与统一。团队文化是团队的灵魂，是团队的软实力，是维系团队成员行为的无形力量，也是评价团队成员行为的隐形"标尺"。

通常，在一个优秀的团队中，团队成员会受到团队文化的无形激励，让自己的自尊心、成就感得到满足，激发并持续努力工作、激情创造、快乐奉献。

(2)团队管理者要主动参与激励机制，增强员工的归属感。

团队管理者是带领团队成员完成工作目标的人，是最大程度激励和调动团队成员积极性的人。参与激励机制不仅是提高工作效率和效能的重要途径，也是管理者对团队成员信任与支持的体现，可以有效促使个人和团队共同成长。

随着团队环境的改善、员工自身素质的提升和员工参与意识的不断增强，管理者应创造和提供一切机会让员工参与团队管理，分享改革成果，使其逐步实现自我价值，使其忠诚度和责任感得到提升。

对此，要不断完善现代团队制度，创新民主化管理方式。这要做到以下几点：

① 增强决策的透明度。

管理不是"一手遮天"，不是专断独行。优秀的管理者相信员工的聪明才智，尊重员工的不同声音，能接受员工的合理化建议，发扬民主，集思广益，善于决断，从而提升整个团队的凝聚力。

② 充分授权。

优秀的团队管理者应当知人善任，充分授权，最大程度地激发团队成员的才能。根据团队成员的能力、特长等委任授权，搭建平台，提供帮助，从而激发团队成员的自尊心、责任心，提升团队执的行力。

③ 共享发展成果。

共享发展成果是员工主人翁精神的最佳体现，也是提升员工忠诚度和团队凝聚力的最好方式。共享是一种参与激励，能满足员工的自豪感、成就感、责任感、归属感。

实践证明，一个团队如何体现员工的主体作用，是否把员工当作团队的"主角"，是团队成功与否的重要因素。

④ 重视成才激励，提高员工忠诚度。

知识就是"财富"，人才是团队生存发展的"命脉"。一个团队要想成功，必须建立良好的用人机制，通过学习提高员工的整体素质，增强团队的竞争力。创造一个帮助员工成长成才的良好环境，是团队得以长远发展的重要因素。

⑤ 建立良好的人才激励机制。

团队要创新人才激励机制，营造尊重知识、尊重人才的良好氛围，在选才用人上做到公平竞争，任人唯贤。同时，团队要注重员工的全面发展，最大程度地将员工个人的志趣、性格特点、价值观与业务工作相匹配，为其制定职业生涯发展规划，为其提供成长平台和发展机会，使谋生的工作成为其激发生活热情和充满成长机会的事业。

⑥ 创建学习型组织。

团队要积极开展"创建学习型团队，争当知识型员工"活动，将培训视为一种投资，使人力资源向人力资本转化；要大力倡导"全员学习、终身学习"理念；要努力营造"人人是学习之才，处处是学习之所，天天是学习之时"的浓郁氛围；要鼓励员工在学习中创新，在创新中提高，在提高中完善；要使员工深深体会到学习是团队最大的福利。这是团队发展和员工发展的互利共赢，是提高团队竞争力的"法宝"。

共同发展——让团队和员工双赢

所谓幸福团队，就是要满足员工不断增长的幸福需要，而职业成长是员工不断增长的幸福需要之一。团队的成长得益于员工的成长，所以，团队必须让员工享受团队的成长果实，关注员工发展通道的拓展，搭建团队与员工共同成长的平台。团队在发展壮大的同时，要为员工提供发挥自身才能的机会。

诺和诺德公司是世界上最大的生物制药公司之一，也是世界上治疗糖尿病领域的主导团队，员工总数达 1.6 万人，在多个国家设有子公司。该公司认为，人才培养是一个长期的过程，所以要以独特的管理方式为员工创造最佳的发展环境和发展空间，鼓励和帮助员工不断改革、创新，奖励挑战并超越自我的表现，促进员工个人与团队事业的共同发展。

员工进入诺和诺德公司后，其直系领导会同他一起制订他的员工个人发展计划，比如，公司会询问员工的个人发展目标，今后是否想出国，是否想到国外工作，对专业技能的提高有什么要求，想做到什么位置等，并据此为员工设计、提供个人的发展空间。对于员工某些不切实际的想法，公司也会指出来，并帮其进行合理的规划。如果员工没有发现自身具有某种长处，公司还会对其进行多方面的帮助，向其推荐具有挑战性的目标。

要使团队成员能长期有效地促进团队发展，就必须在团队发展的同时，使员工个人在各方面也获得发展，做到"小河有水，大河满"。

实现团队和员工双赢，是团队人力资源管理的目标，也是团队文化建设的价值所在。

所以，团队要抱着这样一个理念：善待员工，给他们所需要的东西，对他们做出的贡献予以承认和回报。只有这样，团队才会从中获得更大的回报。

首先，团队要了解员工自我发展的意愿，寻找员工与团队理念、团队目标的最佳切入点，将其作为团队指导员工发展的起点。

当员工加入团队后，管理者应对其"灌输"团队经营理念、核心价

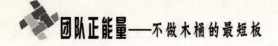

值观、行为观等团队规范，使其尽量按照团队指引的职业方向、路径发展，融入团队之中。

其次，团队要有步骤、有计划、分阶段地以培训进修、轮岗锻炼、工作加压等手段帮助员工进行自我提高，并予以及时评价，使员工正确认识自我、及时修正自我，产生与团队同命运、共发展的内在动力和创新能力。

如西门子公司实施的"员工综合发展"计划，以员工业绩和所具潜力为基础，系统地使用技术和管理培训、工作转换、国际派遣、职务提升等具体的发展手段，每年为员工制订短期和长期的职业发展计划，使员工跟上公司与时代发展的需求，潜能得到更大的发挥。同时，西门子公司会做好与员工的双向沟通，及时了解员工的新思路、新想法，了解其对团队管理的反馈和要求。

最后，团队要完善管理制度和管理体系，为员工提供工作机会和发展阶梯。

团队运行机制的核心是对人的激励与约束，如果没有有效的激励机制、约束机制和发展机制，员工的积极性、创造性就得不到发展。

员工的自我实现可以通过横向（薪酬）和纵向（职位）发展来体现，

团队须提供相应的、可证明其自我实现的内部条件(职位、权责、待遇、福利),本着"以人为本"的思路,从尊重员工的发展需要、帮助员工发展的角度出发,制订个性化与理性化相结合的职业提升方案,让员工持续拥有向前发展的希望,从而实现团队和员工的共同发展。

用团队荣誉感提高成员幸福感

不受尊敬的团队，团队成员唯恐避之不及，何来幸福可言？很多人选择团队的首要条件是荣誉感。要想建设一个真正幸福的团队，就必须组建一支受人尊敬的团队。

荣誉感是人积极向上、建立功勋的强大动力，荣誉感是一支团队战斗力的重要来源。没有荣誉感的团队是没有希望的团队，一个没有荣誉感的员工也不会成为一名优秀的员工。

荣誉感是团队的"灵魂"，意义非同小可。每一支团队都应该对自己的成员进行荣誉感教育，每一个成员也都应该树立对岗位和团队的荣誉感，对自己的工作引以为荣，对自己的团队引以为荣。

"神舟六号"飞天成功靠的是航天英雄的巨大荣誉感和使命感的支

撑。"神六"座舱只有 9 立方米，在这种极其狭小的空间内生活 5 天，对于普通人来讲，是一项几乎不可能完成的任务。然而经过严苛训练的两位航天英雄却在封闭式的座舱内度过了 5 个日夜。

专家认为，一般情况下，人在进入局限空间前必须加以确认，其心理应先产生"动机效应"，即有一个信念支撑，否则长时间待在封闭空间内对人的身体和心理的伤害是非常大的。倘若不是"飞天"的巨大荣誉感和使命感在两位航天英雄的心里的话，两人是很难成功完成这项任务的。

人从事任何一项工作，都必须依靠一种精神力量和内在动力去推动。

一个没有荣誉感的员工，难以成为一个积极进取、自动自发的员工。如果认识不到荣誉的重要性，认识不到荣誉对自己、对工作、对团队意味着什么，又怎么能为团队争取荣誉、创造荣誉呢？

能够维护团队利益的员工都具有强烈的荣誉感。有荣誉感的员工，会顾全大局，以团队利益为重，绝不会为了个人的私利而损害团队的整体利益。他们知道，只有团队强大了，自己才会有更好的发展。

每一个团队都应该对自己的成员进行荣誉感教育，以唤起每一个成员对自己工作的荣誉感，让成员感觉到团队以自己为荣，从而激发出无比的工作热情，在争取荣誉、创造荣誉、捍卫荣誉、保持荣誉的过程中，不知不觉地融入集体之中，获得更好的发展。

争取荣誉的过程就是员工精神文明的体现，它可以激发员工的积极性，消除员工的懒惰心。人有了精神的支柱才有上进心，好的团队要让自己的每一位成员都有争取荣誉之心，激发其积极心，激励其全身心地投入。

团队在创造荣誉的时候要给每个成员良好的发展空间。几乎每个成员都有自己的美好想法，都有自己的长处，也都在寻找表现自己的机会。团队管理者要给予每位成员公平的发展机会，同时要建立足够完善的奖罚制度，在公平竞争中创造荣誉。

捍卫荣誉就是让每一个荣誉都变"透明"。员工捍卫荣誉的前提是团队管理者要做到公正，只有在公平公正的前提下，所有员工才会正确看待并去努力捍卫荣誉。

保持荣誉就是把光荣传递下去，对没有得到荣誉的人要鼓励，对得到荣誉的人要定下新的目标。要让荣誉感持续存在于团队之中。

尊重团队中的每一个成员

团队不能"把人当成机器"，团队必须尊重员工，并让员工感受到这种尊重。

尊重对那些具有高尚思想和极强荣誉感的人有很大的推动作用。

通用电气公司曾面临一项需要慎重处理的任务——免除查尔斯·史坦恩梅兹计算部门主管的职务。史坦恩梅兹在电器方面是个天才，但他担任计算部门主管却是彻底的失败。公司在这件事上左右为难，后来，公司想出了一个好方法，给了他一个新头衔——"通用电气公司顾问工程师"。虽然史坦恩梅兹的工作还和以前一样，但部门主管已另有其人。史坦恩梅兹对新头衔十分满意，通用公司的高级人员也很高兴，因为他们用温和的方式调动了这位脾气暴躁的大牌"明星"员工，而且没有引起纷争。

在微软公司，尊重他人被放在首要位置，公司的每一个细节都体现出对员工的重视。为了给员工提供自由表达的机会，微软布置了个性化办公室，设立了弹性工作时间。每一位员工都对自己的本职工作有着强烈的兴趣，他们各司其职又高度合作，通过不断创新来体现个人价值，并对企业发展形成推动力量。在微软公司，每一位员工都在为实现个人价值、追求顾客满意度和承担社会责任而不懈努力着。尊重员工，创造"和"的氛围，为微软带来了强大的"软"实力。

可见，成功的团队管理者，都懂得尊重员工，并在一点一滴之中培养团队成员的幸福感。

尊重员工，培养员工的幸福感，要从以下几个方面做起：

（1）明白团队成员是自己的合作者。

企业是由大家组合而成，企业的所有者、管理者与员工都应该是平等的。大家都是彼此的合作者，无高低贵贱之分，应相互尊重，一视同仁。

（2）随时肯定团队成员的成绩。

团队成员在工作中偶尔会出一些小问题，如果管理者采取严厉责备的态度，就容易造成双方的对立，使员工从心里感觉到不平，甚至对日后的工作抱有排斥心理。充满"火药味"的工作关系迟早会爆发危机，所以，要注意随时肯定团队成员的成绩。

（3）给团队成员自己的时间。

大部分员工都希望上班时享受工作，有很高的工作效率及贡献，能力受到肯定，拿到应得的薪水；下班后可以暂时忘掉工作，享受家庭的温馨，与三五好友聊天，参与一些活动。大部分员工并不希望一天 24 小时挂念着工作。

管理者应该尊重员工人性的需求，在下班后让员工尽可能避免处理工作事务。如此，员工自然不会找借口拖延时间，而是会在管理者为其创造的宽松环境中提高工作效率，尽快完成工作。

（4）尊重个体的差异。

在工作场所中有各种背景、各种性格、不同生活经验的人，管理者要尊重个体的差异并找出其共同点。一个好的企业文化能包容不同个性，塑造共同价值观。

身为管理者，要学习用不同的方式管理不同的人，要尊重他人的差异，克服自己的偏见，这样才能使团队更和谐，使工作更有效率。

（5）尊重团队成员的不同意见。

有些管理者不愿听取下属意见的原因是认为下属能力不足，其意见不具备参考价值，这实际上是个误区。下属能力稍弱或许是事实，但并非他们的每个意见都不高明，实际上，下属的有些意见可能对方案有补充作用，或者可以让管理者通过这些意见本身去了解下属在执行任务中的心态及要求。所以，要尊重并认真倾听下属的不同意见，大家齐心协力共同完成任务。

（6）尊重团队成员的选择。

员工有选择工作的自由，管理者需要接受员工的选择，正视员工辞职的问题，同时发现自己身上的不足，为日后的工作提供借鉴。

团队管理 101 招

如今，集多重技术于一身的工作方法开始逐渐取代阶层式的、缺乏弹性的传统工作体制，因而团队合作成为一种很受欢迎的工作方式。对于每一位参与团队管理工作的人而言，以下 101 条简明提示，可以为其提供重要而实用的指导方法。

（1）切记，每位成员都能为团队做出一些贡献。

（2）谨慎地设定团队目标，并认真严肃地对待它们。

（3）团队成员要彼此扶持。

（4）将长远目标打散成许多短期计划。

（5）为每个计划设定明确的期限。

（6）尽早判断何种形态的团队适合你的目标。

（7）努力与其他的团队成员建立强有力的关系。

（8）找一位可提升团队工作士气的重量级人物。

（9）时时提醒团队成员："你们都是团队的一分子。"

（10）将团队的注意力集中在固定的、可衡量的目标上。

（11）利用友谊的强大力量强化团队。

（12）选择领导者时要把握用人唯才的原则。

（13）领导者需具备强烈的团队使命感。

（14）奖赏优异的表现，但绝不姑息错误。

（15）明白每位团队成员看事情的角度都不一样。

（16）征召团队成员时，应注重他们的成长潜能。

（17）密切注意团队成员所缺少的相关经验。

（18）应请不适任的成员退出团队。

（19）找出能将人际关系处理得很好的人，并培养他们。

（20）设定具有挑战性的目标时须根据限期来考量其是否合理。

（21）设定目标时，还应考量个别成员的工作目标。

（22）计划的失败会危及整体计划的成功。

（23）信息技术支持能为你提供确实需要的东西。

（24）对待团队外的顾问要如同对待团队成员一般。

（25）让团队的赞助者随时知道工作的进展。

（26）除非你确定没有人能够胜任，否则应避免"事必躬亲"。

（27）不要委托团队成员做不必要的工作。

（28）赋予团队成员自己做决策的权力。

（29）鼓励团队成员做积极的贡献。

（30）肯定、宣扬和庆祝团队每次的成功。

（31）找到易于让成员了解每日工作进度的汇报方式。

（32）鼓励成员之间建立工作上的伙伴关系。

（33）鼓励天生具有领导才能的人，并引导和培养他们的领导技巧。

（34）绝对不能没有解释就驳回团队成员的意见。

（35）确定团队和客户经常保持联系。

（36）以自信肯定的态度让团队知道谁"当家"，但要避免来势汹汹的感觉。

（37）想办法给新团队留下一个好印象，但切忌操之过急。

（38）对别人的建议，抱持的心态不能只是欢迎，还要依循建议有所行动。

（39）协助团队找出方法以改变有碍任务推进的团体行为。

（40）找出可建设性地利用冲突的方法。

（41）要在工作中穿插安排娱乐以调剂身心——这是每个人应得的福利。

（42）若有计划出错，一定要做全面、公开的分析。

（43）如果你希望团队成员有问题时会毫不犹疑地找自己谈，就要实施"开门政策"。

（44）要求提出问题的人解决问题。

（45）安排正式和非正式的会面，讨论团队的工作进展。

（46）不带感情只看事实的态度，是化解纷争的最好方法。

（47）保证团队成员间的熟稔，以便于沟通。

（48）设立交际场所，让团队成员作非正式的交谈。

（49）鼓励同事间自由的沟通活动。

（50）建立最适合的通信科技系统，并经常更新。

（51）实施会议主席轮流制，让每个人都有机会主持会议。

（52）尽可能多地授权给团队成员。

（53）与会前发出议程，预留时间给与会者准备。

（54）培养所有对团队有益的关系。

（55）努力保持团队内外关系的平衡。

（56）确定所有相关人士都能听到、了解好消息。

（57）倘有麻烦在团队关系中发酵酝酿，要尽快处理。

（58）安排团队与机构的其他部门社交联谊。

（59）找出你与上级保持联系的最佳通信科技。

（60）对在团队或办公室外接触过的重要人士做联系记录。

（61）谨慎分派角色以避免任务重复。

（62）找寻建议中的"精华"，绝不在公开场合批评任何建议。

（63）一定要找有经验的人解决问题。

（64）分析团队的每个成员所扮演的角色。

（65）脑力激发出的意见，就算不采用，亦不得轻视。否则，会打击他人的积极性，创意的"流动"会因此而停止。

（66）公平对待每个成员才能避免怨恨。

（67）确定团队成员真正有错之前，须视其没有错。

（68）告诉团队成员"你们做得很好"，有助于激励团队士气。

（69）尊重每一位成员，包括那些给你制造"麻烦"的人。

（70）避免和团队成员有直接冲突。

（71）采取"对事不对人"的处世态度。

（72）确定整个团队都能够从解决问题的过程中获得经验。

（73）先选择完成一些规模大的、可快速达成及有成就感的任务，以激励成员再接再厉。

（74）确信团队成员都了解团队中的其他角色。

（75）在计算品质成本之前，先计算失败的成本。

（76）针对每笔预算及每项团队行动计划，设定重大的改进目标。

（77）告知团队中的每位成员，在设定的标准中有哪些评量的项目。

（78）确定所有改善措施及新定目标都持续进行着。

（79）召开检讨会议前传阅所有相关资料。

（80）开检讨会时一定要避免人身攻击。

（81）记住，关系会随时间改变。

（82）避开低估或忽视坏消息的陷阱。

（83）每天结束时自问：团队今天是否又向前跨出了一步。

（84）倾听受训者关于训练课程的反馈意见。

(85）找到有最好设备的最佳训练场所。

(86）聘请顾问，设立公司内部的训练课程。

(87）利用异地训练时的用餐时间做非正式的计划。

(88）每位团队成员都必须参与设定目标的工作，以促进团队合作及达成共识。

(89）允许团队自行决定达成目标的方法，激励团队努力工作。

(90）确定目标能激发团队的斗志，如果不行，请更改目标。

(91）一支没有"严峻"目标的团队，工作表现将不如接受过此类考验的团队。

(92）设定奖励标准时，允许团队成员有发言权。

(93）避免使用名次表，因为落后的团队成员将会自尊心受创。

(94）指定某人"监视"市场上的每一个相关变化。

(95）随时准备做改变，甚至将计划的根本要素囊括在改变的范围内。

(96）记住，有某些人很害怕变革。

(97）寻找能推进改革的团队成员。

(98）每隔一段时间做一次生涯发展评估。

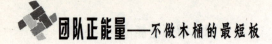

（99）记住，鼓励团队成员即是在帮助团队。

（100）与团队同事就生涯规划达成一致意见，并为他们提供必要的协助。

（101）团队解散后仍要与团队成员保持联系，因为你可能还会与他们再次合作。